小さな会社の儲けの仕組みの教科書

低成長時代に生き残る「筋肉質経営」の原理・原則

ニッチトップ戦略パートナー・
中小企業診断士
米澤 裕一
Yuichi Yonezawa

Clover
クローバー出版

はじめに

大手企業でも中小企業でも、すべての企業が目指す姿は持続的な成長です。企業活動が無限に続いていくと仮定することが、株主や取引先との関係維持や、社員の雇用を確保する前提となります。

しかし、持続的な成長を果たすことは決して容易なことではありません。

新型コロナウイルスの感染拡大によって、多くの企業が多大な影響を受けました。

この危機において、短期的に重要なことは当面の資金繰り対策ですが、いつまでもお金を借り続けるわけにはいきません。

そのためには、外部環境の変化の影響を最小限に抑えることができるよう、普段から企業の体質を強化していくことが、特に経営体力が弱い中小企業において重要です。

よって、中・長期的に重要なことは、持続的に会社を存続させていくために、根本的な事業のあり方を見直すことです。

コロナウイルスほど大きなインパクトをもたらす外部環境変化はまれですが、経済・社会情勢の変化、自然災害、顧客ニーズの変化など、企業を取り巻く外部環境は絶えず変化します。

以下のような企業は、外部環境の変化に対して、要注意と言えます。

・顧客から選ばれるための価値提案が充分にできていない（従属的な取引関係）。
・特定顧客への売上依存度が高い（一社の依存度が三〇％以上）。
・特定社員が事業活動の重要な役割を握り、他の社員で代替できない（業務の属人化）。
・意思決定のスピードが遅い。
・現在の利益の状況を即座につかむことができない。

本書では、そんな中小企業が、外部環境変化の影響を受けにくい、強い企業体質に生まれ変わるための原理原則を、事例を交えて紹介しています。

例えば、

・利益が生まれるメカニズムを理解する。
・利益を増やすための四つの基本戦略を徹底する。

・スピードを意識した経営を行う。
・顧客への提供価値を高めてニッチトップを目指す。
・社長の実行力を高める。

本書は、「外部環境や景気変動の影響を受けにくい体質の会社を目指す経営者」「成熟市場で利益確保に悩んでいる経営者」「売上拡大の手を打ち、売上は伸びているが利益が出ない経営者」「下請けから脱却したい経営者」「先代のビジネスモデルを転換したい二代目経営者」「これから起業する人」などに対して、低成長時代でも着実に利益を上げるための戦略と方策を提案します。

この本を会社経営に役立てていただき、着実に利益を稼ぎ、持続的に成長していく会社になっていただけたら、これほど嬉しいことはありません。

令和二年六月

米澤裕一

目次

小さな会社の
儲けの仕組みの教科書

CONTENTS

利益感度について

第二章 利益を増やすための基本戦略

単価アップの戦略

数量アップの戦略

変動費率ダウン（限界利益率アップ）の戦略

固定費ダウンの戦略

利益を増やすための五つ目の方策「スピードアップ」

逆張り戦略

第三章 顧客提供価値を高めて、「ニッチトップ」を目指す

顧客に選ばれるために有効な「絞り込み」

商品・サービスの提供価値を高める

第四章

会社の成長は社長の実行力次第

第五章 ○ 六社の事例から学ぶ

第一章

利益のメカニズムと利益感度

利益が生まれるメカニズムについて

1 利益は企業継続の条件

企業が持続的に成長していくためには、「利益」が必要なことは言うまでもありません。ドラッカーは「利益」について次のように述べています。

「利益とは、企業が事業を継続・発展させていくための条件である」
「明日、更に優れた事業を行うためのコストが利益である」

利益がなければ、社会が必要とする商品やサービスを提供できませんし、社員の雇用もできません。中小企業にとっては、「利益は社員と家族を守るためのコスト」と言えます。
「税金を払うぐらいなら経費に使う」と言う社長がいますが、社員とその家族を守るために必要な内部留保は、税引き後利益の積み重ねです。内部留保が充分にないと、経営の危機に直面した際、社員と家族を守ることはできません。

よって、企業継続の条件であり、持続的成長のための必要コストでもある利益が、事業活動の中でどのように生まれるのかというメカニズムを理解しておくことは、経営者にとって必須のスキルと言えます。

2 売上・利益の構造を図で理解する

基本的なことですが、「売上が増えても利益が増えるとは限らない」ということをよく理解しておく必要があります。

例を挙げて考えてみましょう。21ページの図1をご覧ください。

売上を、先期の一〇〇から、今期一一〇に増やす計画を立てました。

さて、売上が一〇増えたら、利益も増えるでしょうか？

「利益率一〇%を維持できれば利益は一一になる」という声も聞こえてきます。

はたして、どうでしょうか？

答えは、「これだけでは判断ができない」です。

図2をご覧ください。先期の売上の構造を示しています。売上一〇〇の内訳は、単価一〇の商品を一〇個販売した結果です。一個当たりの変動費が三なので、合計の変動費は三〇です。売上一〇〇から変動費三〇を引いて、限界利益が七〇でした。そこから固定費六〇を引いて、利益が一〇出ました。

ちなみに、変動費、固定費、限界利益とは、次のようなものを言います。

- 変動費とは、売上（生産量・販売量）に比例して増減する経費のことで、具体的には原材料費、仕入商品の原価、外注費などです。
- 固定費とは、生産量や販売量の増減にかかわらず一定の額がかかる経費のことで、具体的には正社員の人件費、減価償却費、事務所の賃料、光熱費などです。
- 限界利益とは、売上から変動費のみを除いたものです。売上と連動して得られる利益で、企業が商品やサービスを販売することで獲得できる利益です。

図1

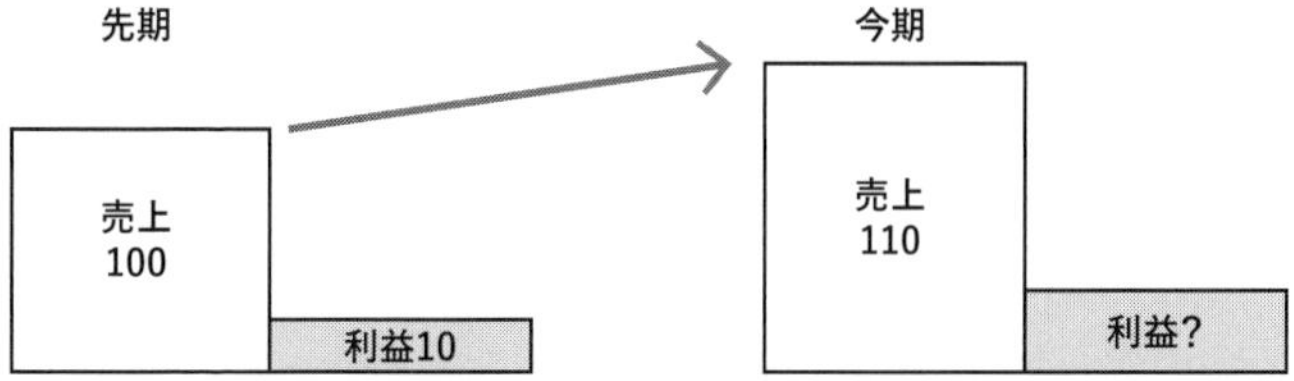
先期
今期
売上
100
利益10
売上
110
利益?

図2

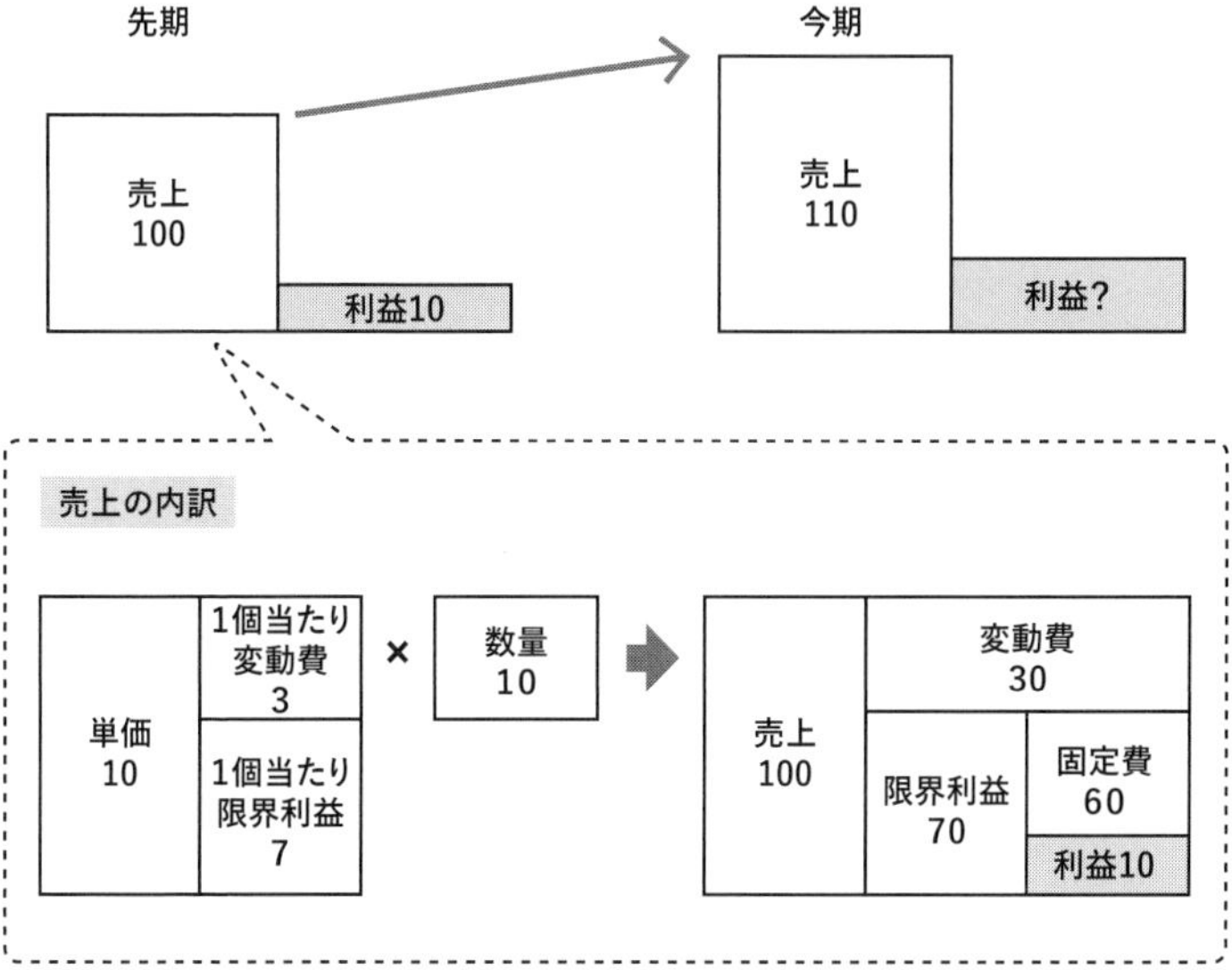
先期
今期
売上
100
利益10
売上
110
利益?
売上の内訳
単価
10
1個当たり
変動費
3
1個当たり
限界利益
7
×
数量
10
売上
100
変動費
30
限界利益
70
固定費
60
利益10

今期の利益が増えるかどうか、増えるとしたらいくら増えるのかについては、今期の売上一一〇を「どのようなやり方で増やすのか」を考える必要があります。

図3をご覧ください。

①数量アップで売上増を目指す

単価一〇のままで数量を一一に増やしました。変動費は売上数量に比例しますので、三三になります。限界利益は売上一一〇から変動費三三を引いて七七になりました。固定費は六〇なので、利益は一七に増えます。

②単価アップで売上増を目指す

単価一一に値上げしました。数量は一〇で変わらないので変動費は三〇のままです。限界利益は八〇に増え、固定費六〇を引いて、利益は二〇になります。①数量アップよりも利益が増えます。

図3

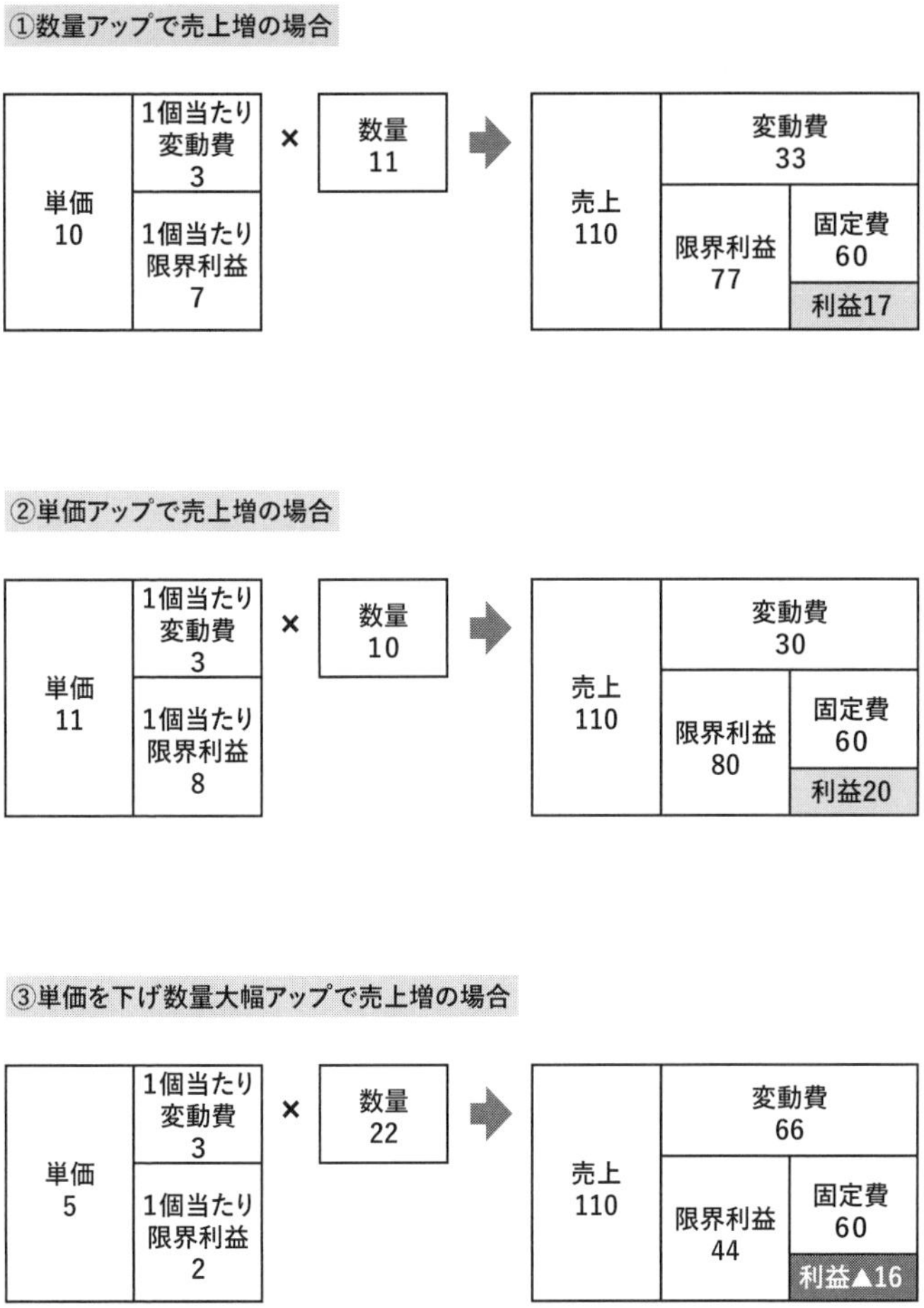
①数量アップで売上増の場合
単価
10
1個当たり
変動費
3
1個当たり
限界利益
7
×
数量
11
売上
110
変動費
33
限界利益
77
固定費
60
利益17
②単価アップで売上増の場合
単価
11
1個当たり
変動費
3
1個当たり
限界利益
8
×
数量
10
売上
110
変動費
30
限界利益
80
固定費
60
利益20
③単価を下げ数量大幅アップで売上増の場合
単価
5
1個当たり
変動費
3
1個当たり
限界利益
2
×
数量
22
売上
110
変動費
66
限界利益
44
固定費
60
利益▲16

③単価を下げ、数量大幅アップで売上増を目指す

単価を五に下げても、数量を二二と大幅に増やすことができれば、売上は一一〇になります。変動費は数量が大幅に増えたため六六になり、限界利益は四四になりました。固定費の六〇を引くと、利益は何とマイナス一六になります。

図2、図3は非常にシンプルですが、企業が利益を生み出すメカニズムを端的に示しています。売上を伸ばしても利益が増えるどころか赤字になることもあるということが、よくおわかりいただけたのではないでしょうか。

現実的には、③の例ほど極端なケースはありません。

しかし、日頃、中小企業経営者と話をしていると、「売上は増えたが利益が思うように増えない」という話をよく聞きます。

その場合は、「売上をどのようなやり方で増やすと、利益がどうなるのか」という利益のメカニズムの理解不足と、自社の経費構造を踏まえた上での利益拡大の戦略が明確でないケースがほとんどです。

経営の実態を把握する

1 簡単にわかる損益分岐点

図2と図3の説明で、利益が生まれる基本的なメカニズムについて、ご理解いただけたと思います。シンプルに考えると、経営は事業を運営するためにかかった固定費を、商品やサービスを販売して得た限界利益で回収していく作業ということになります。

そして、限界利益が固定費を上回った分が利益として会社に残ります。

大事な点なので、再度確認します。27ページの図4をご覧ください。

①が黒字の状態です。つまり、限界利益＞固定費が成り立っている状態です。

②が赤字の状態です。固定費が限界利益を上回っており、限界利益＜固定費の状態です。

③が限界利益＝固定費で、赤字でも黒字でもない損益ゼロの状態です。これがいわゆる

損益分岐点です。損益トントンなので、利益も損失もゼロです。

図5は損益分岐点を示したものです。

グラフの一番左下の数量と金額がともにゼロの地点、すなわち売上ゼロの地点は、当然限界利益もゼロですので、固定費分がまるまる赤字になります。

売上が増えるにつれて限界利益の線は右上がりになっていきます。そして固定費の線と交わったところが損益ゼロになります。図4の③の状態です。

つまりこの限界利益を稼げば損益がトントンになります。

更に売上が増えて限界利益が増えると、固定費の線を超えて黒字となっていきます。

限界利益は、「限界利益＝売上×限界利益率」という式で表すことができます。

売上は単価×数量ですから、「限界利益＝（単価×数量）×限界利益率」という式になります。

利益を生み出すためには限界利益＞固定費にしなければならないので、左辺が右辺より

図4

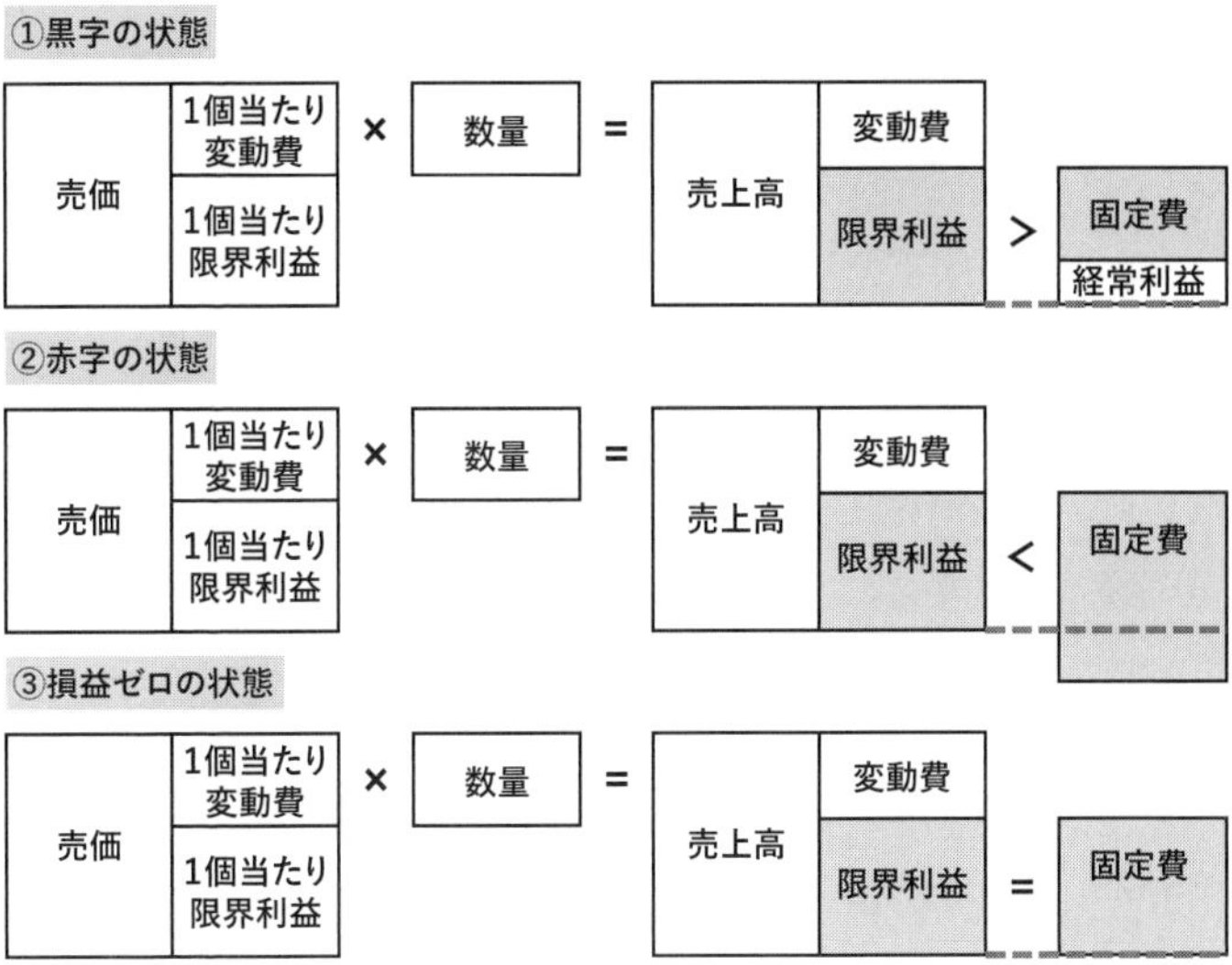

図5

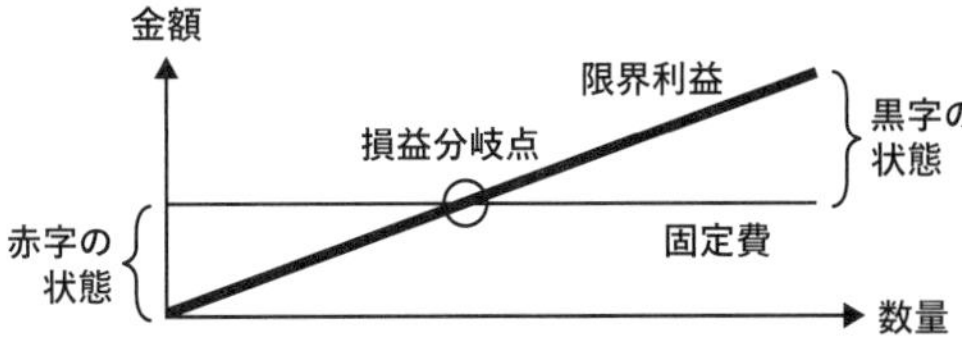

利益を生み出すには

限界利益　　> 固定費

（単価 × 数量） × 限界利益率 > 固定費

利益を生み出す4つの方策

①単価アップ
②数量アップ
③変動費率ダウン（＝限界利益率アップ）
④固定費ダウン

も大きくならなければなりません。

よって、利益を生み出すための方策は四つしかなく、すなわち①単価アップ、②数量アップ、③変動費率ダウン（＝限界利益率アップ）、④固定費ダウンです。

この四つの方策については、第二章で見ていきます。

2 直接原価計算なら経営の実態が見えてくる

前項で、経営は事業運営にかかる固定費を、限界利益で回収していく作業であり、限界利益が固定費を上回った分が、利益として会社に残るということを説明しました。

つまり、利益を出して会社にお金を残したいのであれば、限界利益をしっかりと管理して、この限界利益をいかにして増やすのかということを、真剣に考えなければなりません。

しかし、日々、限界利益を意識して経営の舵《かじ》取りをしている経営者は、必ずしも多くはありません。限界利益へ意識が向かない要因の一つとして、税務申告向けに毎期作成している財務諸表に「限界利益」という言葉が出てこないという点があるでしょう。

損益計算書には、「利益」という言葉が五つ出てきます。

すなわち、売上総利益、営業利益、経常利益、税引前当期純利益、当期純利益の五つです。

税務会計、つまり税務署へ申告する際に作成する財務諸表は、「全部原価計算」という方式で作成され、これで作成した損益計算書に限界利益は出てきません。

それに対して、固定費と変動費を分けて計算する方式に「直接原価計算」があり、限界利益を使って利益の計算を行います。

全部原価計算と直接原価計算の例を挙げて考えてみましょう。

原価計算という言葉が出ただけで、敬遠したくなる方もいるかもしれませんが、内容はシンプルですし、重要なことなのでご確認ください。

31ページの図6をご覧ください。ある中小製造業の「全部原価計算」による通常の損益計算書です。

Aは当期の売上です。単価一〇〇の製品を一五台販売して、売上一五〇〇です。

Bは当期の生産台数で、二〇台です。

Cは当期の材料費で、六〇〇です（単価は三〇）。

Dは当期の労務費で、四〇〇です。

Eは当期の製造経費で、二〇〇です。

Fは材料費、労務費、製造経費の合計で、一二〇〇です。

Gは一台当たりの製造コストで、六〇（一二〇〇÷二〇台）です。

Hは期末在庫の評価金額で、五台（二〇台製造して、一五台販売）で、三〇〇です。

Iは当期の売上原価で、九〇〇（一二〇〇－三〇〇）です。

Jは当期の売上総利益で、六〇〇（売上一五〇〇－売上原価九〇〇）です。

Kは当期の販売費および一般管理費（販管費）で、五〇〇です。

Lは売上総利益から販管費を引いた当期の経常利益で、一〇〇です。

図6

全部原価計算

	数量(台)		金額		単価
売上高	A	15		1,500	100
当期製品製造原価	B	20			
材料費			C	600	30
労務費			D	400	
製造経費			E	200	
合計			F	1,200	G 60
期末製品棚卸高▲		5	H	300	60
売上原価		15	I	900	
売上総利益		15	J	600	
販管費			K	500	
経常利益			L	100	

図7

直接原価計算

	数量(台)		金額		単価
売上高	M	15		1,500	100
材料費		20		600	30
期末材料棚卸高▲		5		150	30
売上原価(変動費)	N	15		450	
限界利益			O	1,050	
労務費				400	
製造経費				200	
販管費				500	
固定費			P	1,100	
経常利益			Q	−50	

ご覧の通り一〇〇の経常利益が出ました。これは通常使っている損益計算書で、全部原価計算によって作成したものです。

これに対して直接原価計算で作成した損益計算書を見てみましょう。

図7をご覧ください。先ほどと同じ事業内容です。

Mは売上で、先ほどと同じです。

Nは当期の売上原価（変動費）です。販売した一五台分の材料費で、四五〇です。

Oは売上から売上原価（変動費）を引いた限界利益で、一〇五〇です。

Pは固定費です。労務費、製造経費、販管費は当期の期間費用として固定費となり、一一〇〇です。

Qは限界利益から固定費を引いた当期の経常利益で、マイナス五〇です。

全部原価計算で作成すると一〇〇の経常利益が出ました。

それに対して、直接原価計算で作成すると経常利益がマイナス五〇となりました。

まったく同じ事業内容なのに、なぜ、このような違いが出るのでしょうか？

改めて、直接原価計算と全部原価計算について説明します。

直接原価計算は、製造に関する費用を固定費と変動費に分け、変動費だけを製造原価として、固定費は期間原価と考えます。よって、製造原価に固定費は含みません。

その期間に発生した変動費のみが直接的に製造原価になるということで、直接原価計算と呼ばれます。

これに対し、全部原価計算は、固定費もすべて製造原価に含めます。固定費と変動費に分けずに、全部が製造原価になるということで、全部原価計算と呼ばれます。

税務申告向けには、この全部原価計算で行った財務諸表を使います。

直接原価計算と全部原価計算の最も大きな違いは、全部原価計算では、「作れば作るほど製造原価が安くなってしまう」ということです。

先ほどの例で見てみましょう。

図8

全部原価計算

	数量（台）	金額	単価
売上高	A 15	1,500	100
当期製品製造原価	B 20		
材料費		C 600	30
労務費		D 400	
製造経費		E 200	
合計		F 1,200	G 60
期末製品棚卸高▲	5	H 300	60
売上原価	15	I 900	
売上総利益	15	J 600	
販管費		K 500	
経常利益		L 100	

当期に支出された固定的コストの一部（150）が期末に資産として計上される

図8の全部原価計算の例をご覧ください。

材料費六〇〇のうち一五〇、そして、労務費と製造経費の合計六〇〇のうち一五〇、合計三〇〇が、在庫となった五個の原価として期末棚卸資産となります。

材料については、期末に残った分は翌期の生産に使えますので、棚卸資産として繰り越すのは理解できます。

しかし、労務費は固定給が一般的なため、当期に発生した固定的なコストです。

製造経費についても、設備の減価償却費や工場の家賃など、定額のコストが通常であるため、固定的に発生するコストです。

つまり、実際に当期に支出されている固定費が、計算上は当期に計上されずに在庫評価に含まれ、翌期に繰り越されてしまうことになります。

売上総利益を算出する際には、当期製品製造原価から棚卸資産評価額を差し引いて売上原価を算出しますので、労務費と製造経費の一部が、当期の売上原価にならないのです。

図6と図7の利益の差の一五〇は、この分の差額です。


よって、製品を需要よりも多めに生産して売れなかった分は、在庫として棚卸資産になります。そして、製造原価は、固定費の一部が棚卸資産に積み上げられていくため、作れば作るほど安くなり、利益率は上がっていきます。

しかし、実際は棚卸資産に含まれる固定費の存在によって、損益計算書上の製造原価以外にも支出が発生しているため、資金繰りが悪化している可能性もあり、最悪の場合、黒字倒産につながることさえあります。


これに対し、直接原価計算では固定費をすべて期間原価とするため、製造原価は全部原価計算で計算された場合よりも高くなり、利益率も低くなります。

しかし、実際の支出と費用が、ほぼ同時期に計上されることになるため、より正確な原価と実際の収支を算出することができます。

税務申告においては、税法の決まりに従って、全部原価計算で財務諸表を作成しなければなりません。

しかし、日々の損益管理は直接原価計算で行って、限界利益をしっかり管理することが重要です。売上よりも大事なもの、それが限界利益です。

売上が増えても利益が減る場合があることは、この章の冒頭で示した通りです。

どのように限界利益を増やしていくのか、そして、その仕組みをどのように構築していくのかが、着実に会社を成長させるためのカギとなります。

利益感度について

1 利益感度とは?

利益を生み出すための方策として、①単価アップ、②数量アップ、③変動費率ダウン、④固定費ダウンの四つがあることを紹介しました。

四つの方策を、実際のビジネスにおいてどのように具体化していくかは、第二章で説明しますが、その前に、利益を生み出すための四つの方策が、利益にもたらすインパクトについて考えてみたいと思います。

利益感度とは、「利益の増減に影響を及ぼす程度」を示します。38ページの図9をご覧ください。

21ページの「利益を生み出す売上の構造」と同じ例を使って、現在の利益の一〇を二倍

図9

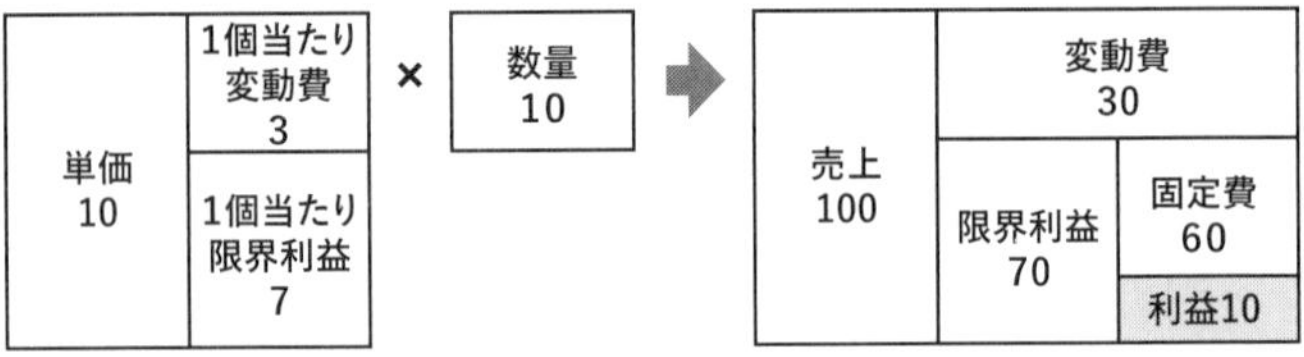

利益を2倍にするためには?

図10

固定費の利益感度

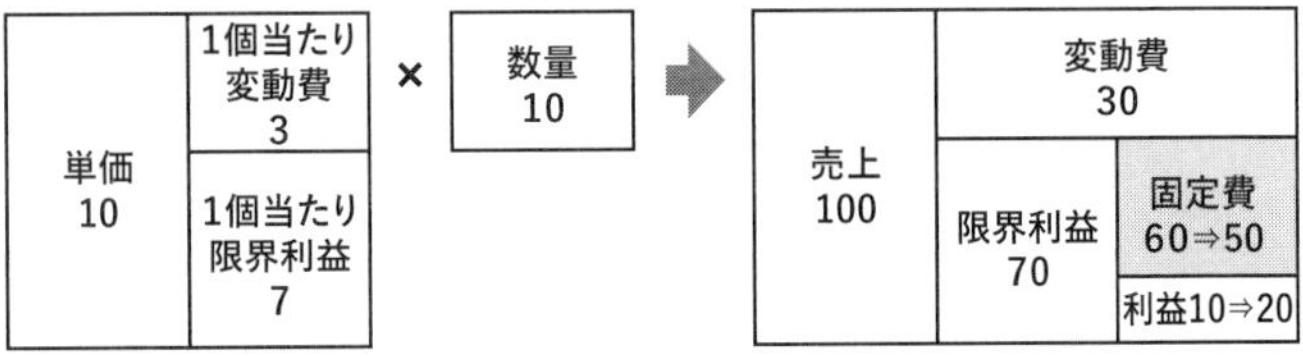

固定費の利益感度 $= \frac{50}{60} =$ 83%(17%ダウン)

図11

販売数量の利益感度

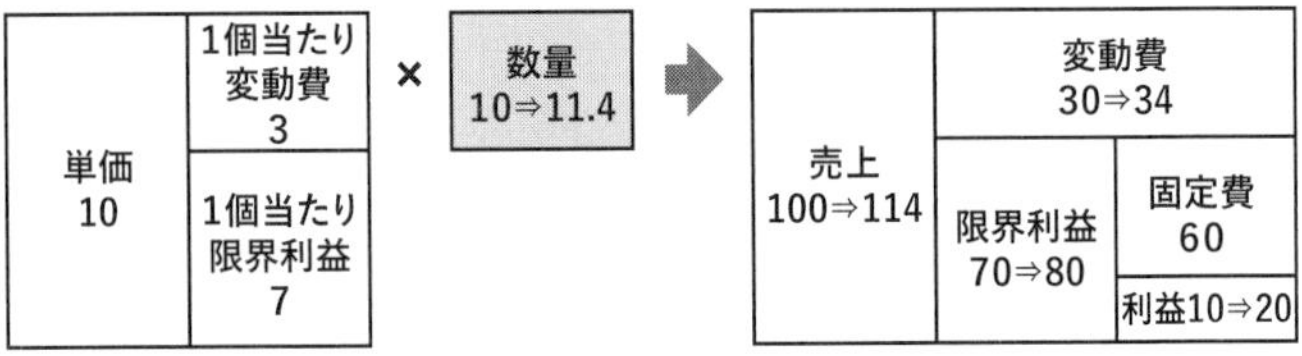

販売数量の利益感度 $= \frac{11.4}{10} =$ 114%(14%アップ)

にするときの利益感度を分析してみたいと思います。

〈固定費の利益感度〉

図10をご覧ください。現状の利益一〇を二倍にするためには、固定費をどのくらい削減する必要があるでしょうか。単価、数量、変動費は変わりませんので、固定費を六〇から五〇に削減すれば、利益は二〇となります。

固定費の利益感度は五〇÷六〇＝八三％（一七％ダウン）です。

つまり、固定費を現状よりも一七％削減できれば利益が二倍になります。

〈販売数量の利益感度〉

次に販売数量の利益感度を分析します。図11をご覧ください。

現状の利益一〇を二倍にするためには、固定費は六〇で変わりませんので、限界利益を八〇にする必要があります。

一個当たり限界利益は七で変わりませんので、限界利益八〇を一個当たり限界利益の七で割ると、必要数量は一一・四になります。

数量が小数点になることはありませんが、考え方をご理解いただくためなのでご了承ください。

販売数量の利益感度は一一・四÷一〇＝一一四％（一四％アップ）です。

つまり、販売数量を現状よりも一四％増やすことができれば利益が二倍になります。

〈変動費の利益感度〉

次は変動費の利益感度です。図12をご覧ください。

現状の利益一〇を二倍にするためには、固定費は六〇で変わりませんので、限界利益を八〇にする必要があります。数量と単価は変わりませんので、売上は一〇〇のままです。

よって、変動費を二〇に下げなければなりません。

数量は一〇なので、一個当たり変動費を三から二に下げることができれば利益は二倍となります。

変動費の利益感度は二÷三＝六七％（三三％ダウン）です。

つまり、変動費を現状よりも三三％削減できれば利益が二倍になります。

図12

変動費の利益感度

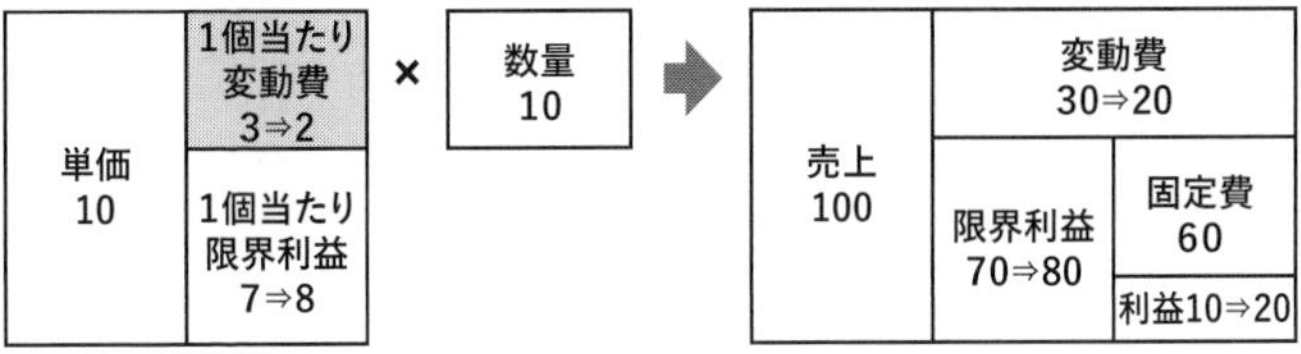

変動費の利益感度 = $\frac{2}{3}$ = 67%（33%ダウン）

図13

販売単価の利益感度

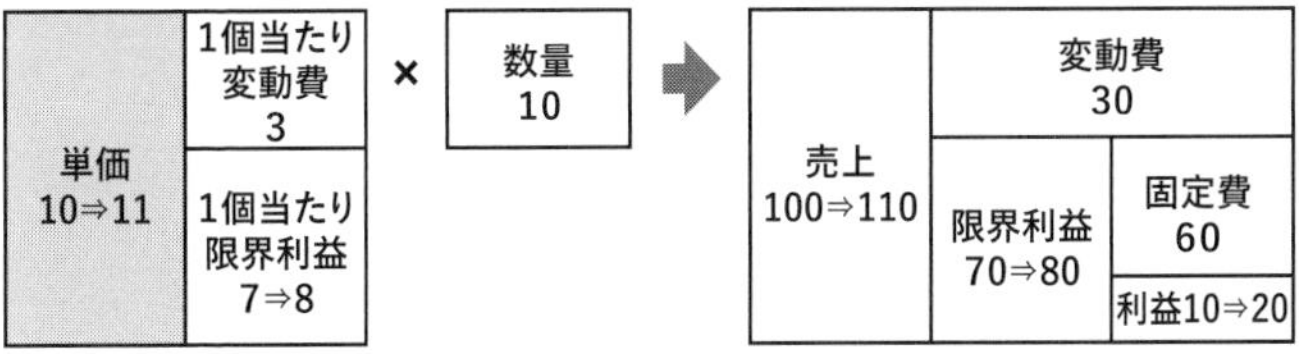

販売単価の利益感度 = $\frac{11}{10}$ = 110%（10%アップ）

〈販売単価の利益感度〉

最後は販売単価の利益感度です。図13をご覧ください。

単価を一〇から一一に増やすことができれば、利益は二倍となります。

販売単価の利益感度は一一÷一〇＝一一〇％（一〇％アップ）です。

つまり、販売単価を現状よりも一〇％アップできれば利益が二倍になります。

2 固定費型ビジネスと変動費型ビジネス

四つの項目別の利益感度をまとめると、図14のようになります。

利益を向上させるには単価アップが最も敏感という結果になりました。

単価を一〇％値上げするだけで利益が二倍になります。反対に、最も感度が鈍いのが変動費でした。利益を二倍にするには変動費を三三％も削減しなければなりません。

利益感度の結果は、企業の経費構造が固定費型なのか変動費型なのかによって変わってきます。先ほどの例は、売上一〇〇に対して固定費が六〇の場合（図9）でした。

図14

図9(固定比率60%)のケース

順位	項目	利益2倍のための利益感度
1	販売単価	110%(10%↑)
2	販売数量	114%(14%↑)
3	固定費	83%(17%↓)
4	変動費	67%(33%↓)

このケースは、固定費率が六〇%であるため、固定費型に該当します。

固定費型の場合は、最も利益感度がいいのが単価アップ、次に固定費ダウンか数量アップ、最も感度が鈍いのが変動費ダウンです。

それに対して、変動費型の場合は、最も利益感度がいいのは単価アップで同様ですが、次に変動費ダウンか数量アップ、最も感度が鈍いのが固定費ダウンとなります。

いずれの場合でも、単価アップが最も利益感度が敏感となります。

固定費型と変動費型の経費構造を簡単に説明します。

固定費型か変動費型かは、業種や、その会社がどのような事業戦略を取るのかによって異なり、それぞれにメリットとデメリットがあります。

〈固定費型〉

メリットは、固定費のウエイトが高く、販売量の増加に伴う変動費のウエイトが低いため、販売量を増やせば増やすほど利益率が高くなることです。そのため、損益分岐点売上高を超えた場合は多くの利益を計上できます。

デメリットとしては、予定より販売数量が落ち込んだ場合でも、一定の固定費が発生するため、不景気などで売上が減少した場合の赤字転落スピードが速くなることです。

例えば、銭湯などは典型的な固定費型のビジネスです。銭湯は来客が一人であっても一〇〇人であっても、営業日であれば風呂を沸かさなければなりませんので、来客数にかかわらずに一定の水道光熱費がかかります。

固定費型のビジネスとしては、製品を生産するための設備を必要とする製造業や、インフラの初期投資が大きなホテルなどのサービス業が該当します。

〈変動費型〉

メリットは、販売数量が落ち込んでも、ウエイトが高い変動費も同時に下がるために、大幅に利益を下げるリスクが少なくなることです。

デメリットとしては、売上を大幅に拡大できても、同時に変動費も増えるため、固定費型ほど飛躍的に利益を伸ばすことができないことです。

変動費型のビジネスとしては、製造業でも工場を持たずに、生産を外部に委託するファブレスという形態や、仕入れに要する費用が大きい卸売業や小売業が該当します。

いずれのタイプにおいても、「単価アップ」が最も利益に敏感な点は変わりがありません。

3 値引きはこんなに恐ろしい

利益感度において、販売単価が一番敏感ということは、値上げに成功すれば利益増へのインパクトが大きい反面、安易な値引きが利益減に与える影響も大きいということです。

具体例で見てみましょう。46ページの図15をご覧ください。

図15

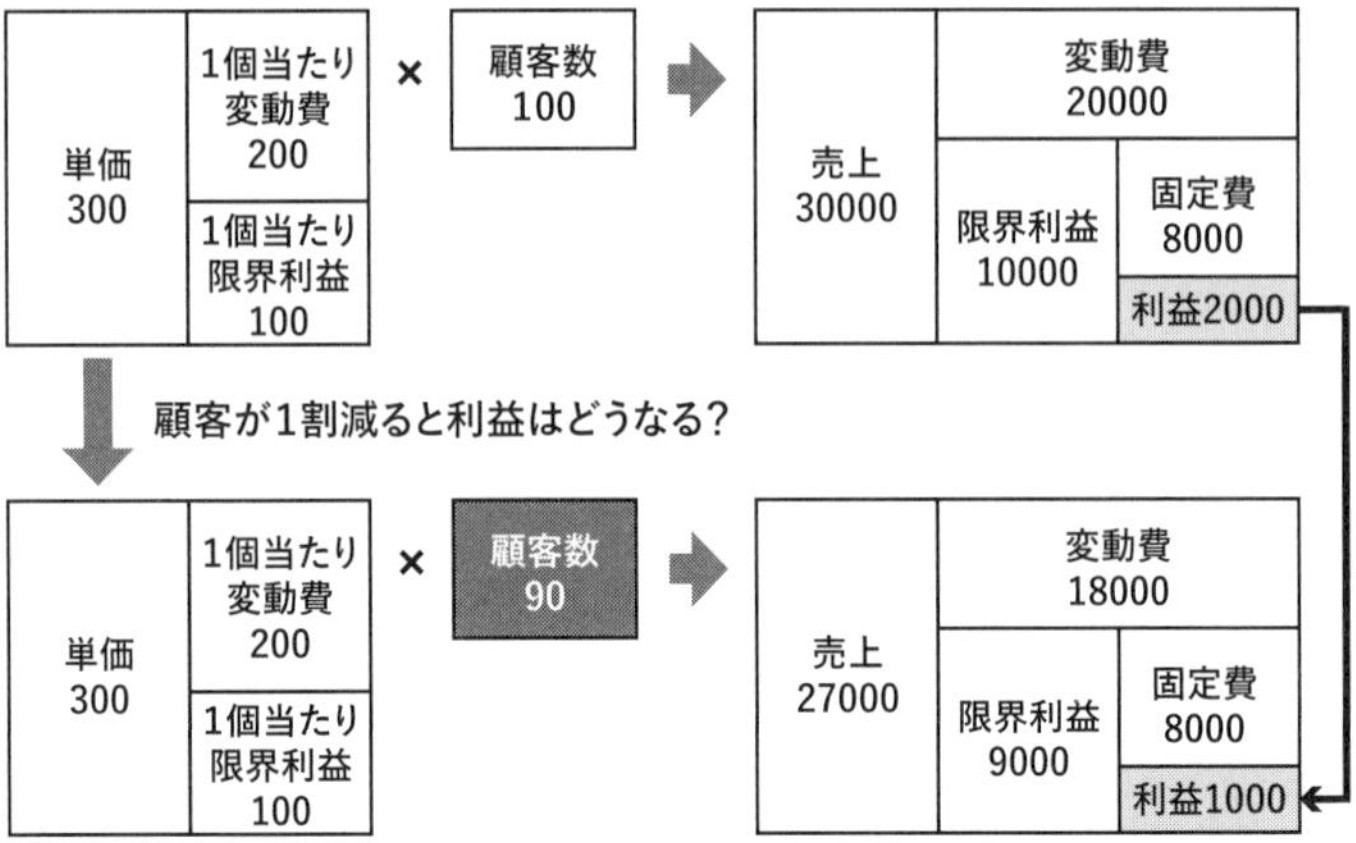
単価
300
1個当たり
変動費
200
1個当たり
限界利益
100
×
顧客数
100
売上
30000
変動費
20000
限界利益
10000
固定費
8000
利益2000
顧客が1割減ると利益はどうなる?
単価
300
1個当たり
変動費
200
1個当たり
限界利益
100
×
顧客数
90
売上
27000
変動費
18000
限界利益
9000
固定費
8000
利益1000

図16

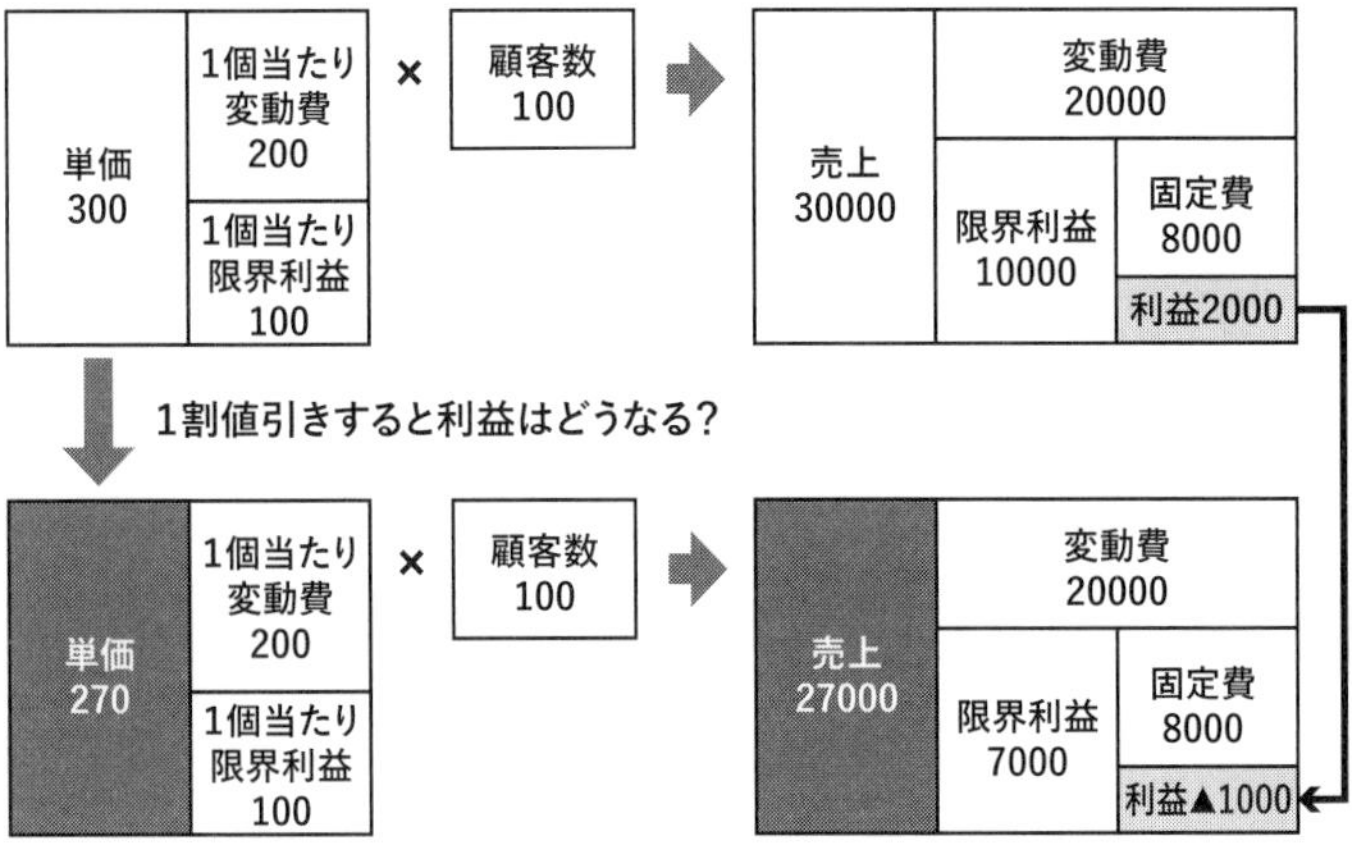
単価
300
1個当たり
変動費
200
1個当たり
限界利益
100
×
顧客数
100
売上
30000
変動費
20000
限界利益
10000
固定費
8000
利益2000
1割値引きすると利益はどうなる?
単価
270
1個当たり
変動費
200
1個当たり
限界利益
100
×
顧客数
100
売上
27000
変動費
20000
限界利益
7000
固定費
8000
利益▲1000

図17

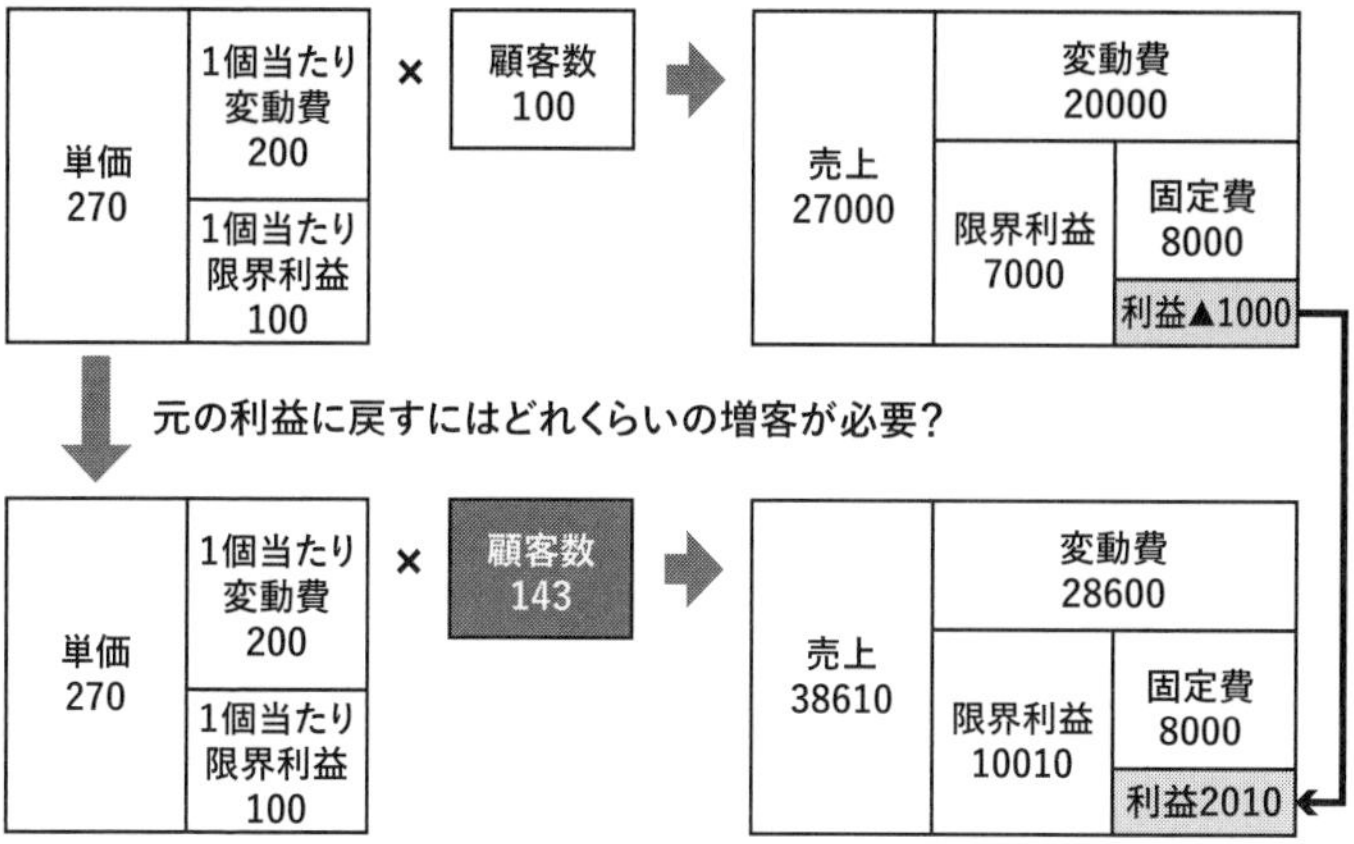

上の図がライバル店出現前の売上構成で、下の図が近隣にライバル店ができて、顧客を一割奪われてしまった場合の売上構成です。

図の見方はもう何度もやっていますので、ご理解いただけると思います。

顧客が一割減り、利益は半分になったものの、まだ黒字を維持しています。

次に図16をご覧ください。ライバル店に対抗して、単価を一割値引きした場合です。一割値引きしたので、売上も一割減っています。値引きの効果で、顧客の流出は防げましたが、赤字に転落してしまいました。

それでは、元の利益の二〇〇〇に戻すためには、どれだけ顧客数を増やす必要があるでしょうか？

図17をご覧ください。元の利益に戻すためには、顧客を四三％も増やさなければなりません。ライバル店としのぎを削る環境においては、これは至難の業《わざ》です。

この例のように、値引きによって苦境に陥ってしまう事態は、実際によく見かけます。

ライバル店への対抗策として、値引きという選択肢はありますが、価格競争で勝ち残るのは、その市場において基本的に一社のみです。

大手企業が規模の経済性を活かして製造コストを下げ、利益を確保した上での値引きによって競合に勝つことができれば、そこには戦略が存在します。

しかし、中小企業は、基本的に規模を活かした調達や製造が困難なため、企業努力による値引きではなく、自社の利益を減らした値引きとなってしまうケースが通常です。

そこには戦略が存在しません。

戦略として値引きを選ぶ際は、値引きがもたらすメカニズムを理解した上で、値引き後の利益拡大のシナリオを描く必要がありますが、それは容易なことではありません。

4 現状を分析し、利益改善に向けた手を打つ

繰り返しになりますが、限界利益を増やす仕組みをどのように構築するのかが、着実に会社を成長させるためのカギとなります。

そのためには、まずは現状の利益分析をする必要があります。

50ページの図18をご覧ください。何度も出てきた図ですが、まずはこれで会社全体の売上、費用、限界利益の全体構造をつかみましょう。

次に、顧客別や商品別の限界利益一覧表を作成しましょう。50ページの図19をご覧ください。

これは商品別限界利益表の例ですが、このようなシートを、商品別、顧客別、顧客別商品別に作成します。

図18

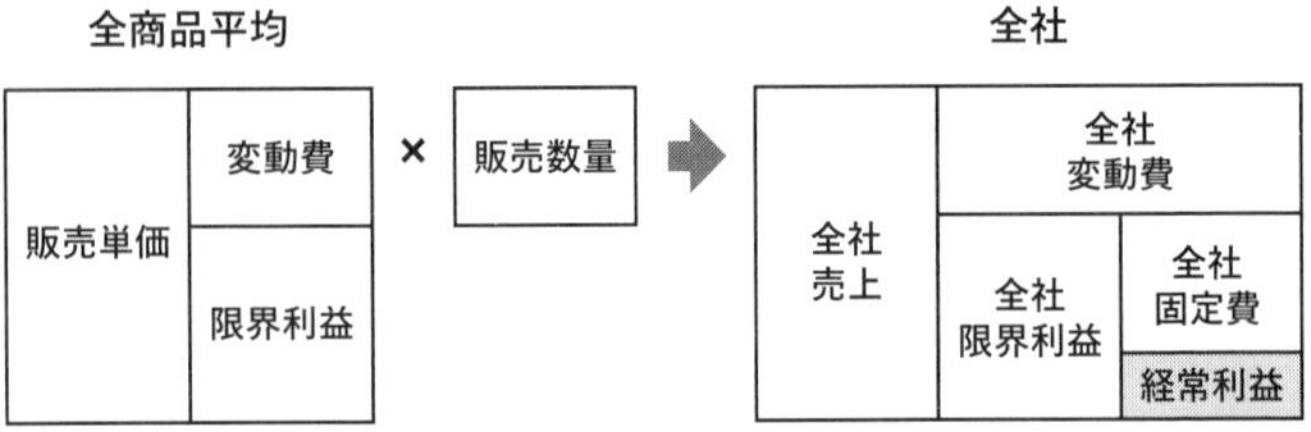

図19

商品名	単価	変動費	限界利益	限界利益率	数量	売上	総変動費	総限界利益
A	1,500	450	1,050	70.0%	200	300,000	90,000	210,000
B	1,000	350	650	65.0%	180	180,000	63,000	117,000
C	2,000	750	1,250	62.5%	140	280,000	105,000	175,000
D	1,800	650	1,150	63.9%	220	396,000	143,000	253,000
E	1,700	600	1,100	64.7%	260	442,000	156,000	286,000
合計	8,000	2,800	5,200	65.0%	1,000	1,598,000	557,000	1,041,000

顧客数や商品アイテムが多い場合は、まずは主要顧客やメイン商品について分析します。

ABC分析を行って、Aクラスの商品や顧客を改善するだけでも大きな利益改善効果が期待できます。

・少しでも単価を上げる余地がある商品は？
・販売数量を伸ばす余地がある商品は？
・変動費を下げる余地がある商品は？

「分ける」は「わかる」です。図18の全体図だけを見ていても具体的な打ち手は出てきません。図19のように分けて分析することで、打ち手が見えてきます。

実際には、この表をなかなか作成できない企業が多いのです。

このような表を作成するためには、製造業であれば、「いくらで買ったものを、いつ、どの製品に、どれだけ使ったか」を、帳簿に記録しておかなければなりません。

この管理がずさんだと、もし悪意のある社員がいた場合、材料を転売して私腹を肥やしたり、製造の失敗を隠すために、材料を無断で持ち出して再作業したりするなどの行為をしかねません。

利益改善の打ち手として、生産体制や仕入先の見直しをしても赤字が改善されない商品がある場合は、顧客に値上げの交渉をします。

原材料価格、エネルギーコスト、労務費などの上昇や、環境面などへの規制対応に伴うコスト増であるにもかかわらず、従来の取引価格に据え置かれた場合は、下請法に抵触する恐れがあります。

具体的なコストに関する数字の根拠を示して交渉することで、説得力が増加します。

相手があることなので満額回答は難しいかもしれませんが、このような交渉の結果、価格改定に成功した会社をいくつも見てきました。このように顧客別や商品別の限界利益表を作成することで、様々な打ち手が実行できます。

次章は、利益向上の方策として、①単価アップ、②数量アップ、③変動費率ダウン、④固定費ダウンの四つに関して、具体的な打ち手を見ていきます。

第二章

利益を増やすための基本戦略

この章では、限界利益を増やすための四つの戦略について見ていきますが、単価アップと数量アップについては、細分化して考えます。図1をご覧ください。

上の図は第一章で何度も出てきました。

下の図ですが、単価を顧客単価（お客様一人が一回の購入で支払う総額）とすると、次のように表せます。

顧客単価＝商品単価×商品購入数

小売業で言うと、顧客がレジで精算する際の「買い物カゴ」の合計金額です。「買い物カゴ」の合計金額を増やすためには、なるべく高いものを買ってもらうか、同時に買ってもらう商品数を増やすことが必要です。ＢｔｏＢでも基本的な考え方は同じです。よって、顧客単価をアップするための方策として、商品単価アップと、商品の購入数アップに分けて考えます。

次に数量ですが、ある期間の売上数量の算出は、次のように表せます。

図1

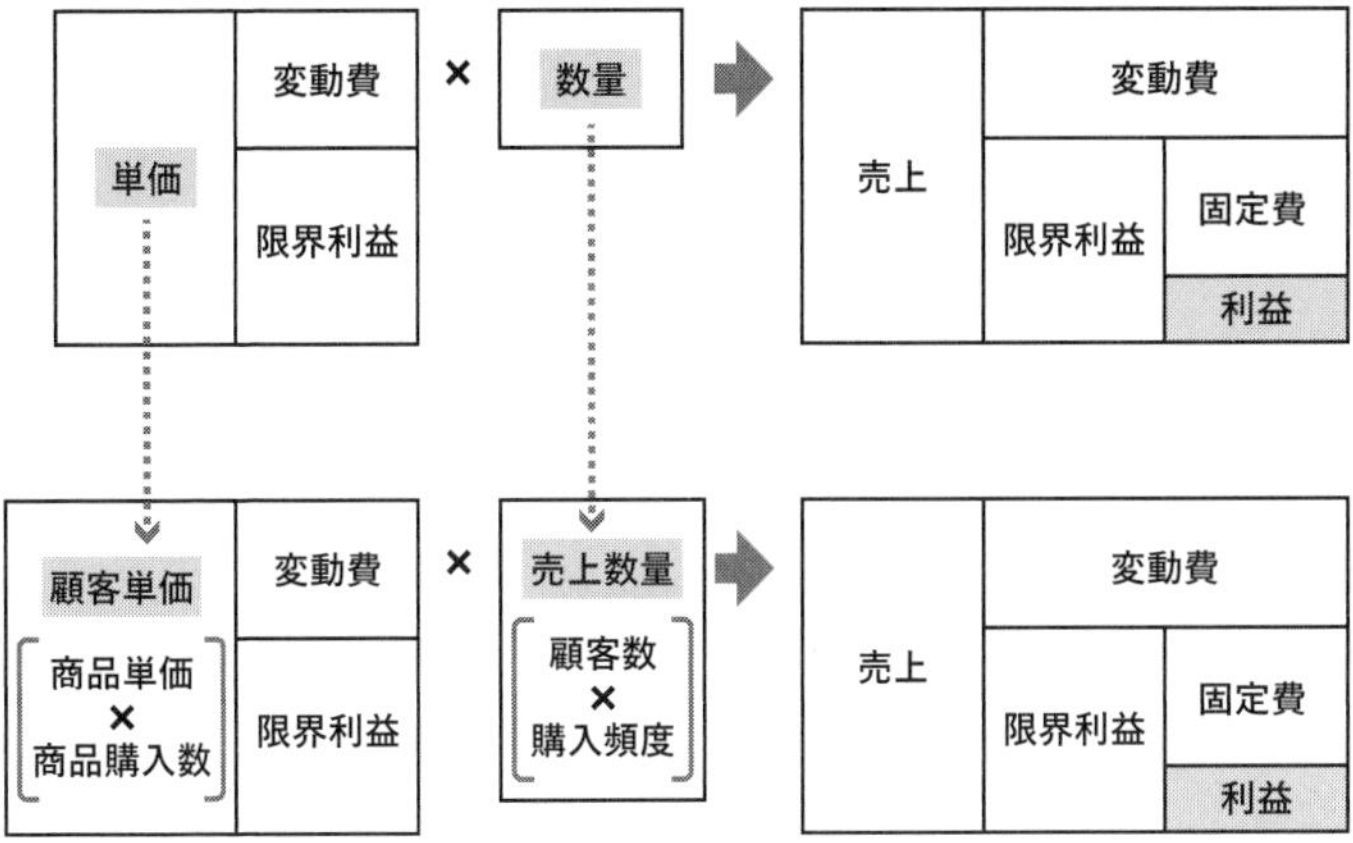

売上数量＝顧客数×購入頻度

売上数量を増やすためには、購入してくれるお客様の数を増やすか、あるいは、購入してもらう頻度を増やすことが必要です。

このように細分化して、限界利益を増やすための取り組みを見ていきます。

単価アップの戦略

1 顧客単価アップの考え方

持続的に成長するための事業展開は、極論すると次の二つしかありません。

①大きな市場に対して安価に大量生産・大量販売していく事業展開。
②絞り込んだ市場に対して付加価値の高い商品・サービスを提供していく事業展開。

大手企業であれば、前者の事業展開の下で、低価格商品を投入することは戦略の一つですが、中小企業が同様の戦略を取っても、まず勝ち目はありません。

豊富な経営資源を駆使することで、規模の経済性を追求することができる大手に対して、経営資源に限りがある中小企業が、同じ手段で対抗しようとしてもナンセンスです。

よって、中小企業は、利益感度が最も敏感である単価アップに向けた取り組みを、最優先で検討すべきです。

2 商品単価を上げる――価値に見合う価格を設定する

単価アップは、数量アップと違って追加資本を必要としません。

数量を増やすためには、卸売業であれば仕入れを増やす必要がありますし、場合によっては営業マンの増員が必要です。製造業では、追加の設備投資が必要になる場合もあります。

それに対し、一〇〇円のものを一一〇円に単価アップすること自体には、追加資本を必要としません。

もちろん、単価アップのために商品をブラッシュアップする場合にコストが発生することはありますが、値上げという行為自体にコストはかかりません。

商品やサービスの単価を上げるためには、何と言っても、その商品・サービスを磨いて、お客様に提供する価値を高めなければなりません。これが基本です。

そして、その価値にふさわしい価格を設定します。

いかにして商品・サービスの価値を高めるかについては、第三章で説明しますので、気になる方は、先にそちらをご覧ください。


価格設定について考える上で、価格弾力性について押さえておきましょう。図2をご覧ください。

価格弾力性とは、ある製品の価格の変化に対して、需要がどの程度の割合で増減するかを示したものです。


図2で、「価格弾力性が高い製品」と書いてある上の線は、価格が少し上がっただけで需要が大幅に減っています。つまり、価格上昇に弱い製品です。

「価格弾力性が低い製品」と書いてある下の線は、価格を大きく上げても需要の減少はゆるやかです。

つまり、価格上昇の影響を受けにくい製品です。「価格弾力性が高い製品」は、企業に

図2

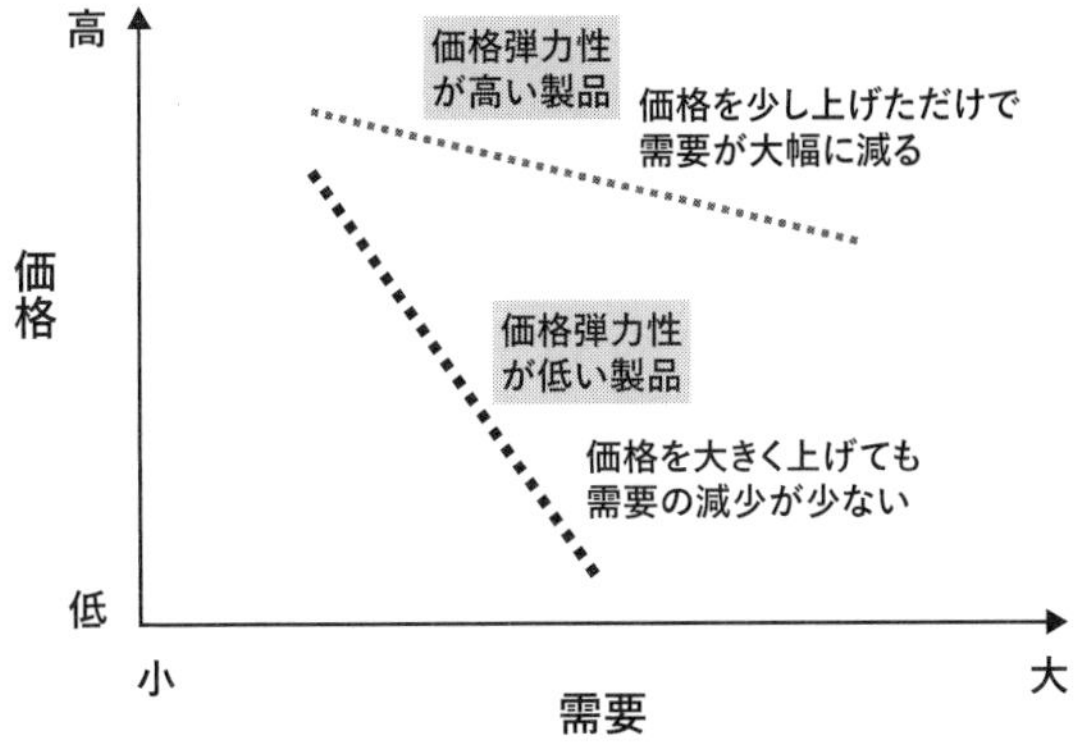

とっては、価格上昇による売上増加よりも、需要減少による売上低下の打撃が大きい製品となります。

一般的に、「価格弾力性が高い製品」に該当するものは、贅沢品や嗜好品などです。自分の所得と比べて支出額の大きい商品は、値上げの影響が大きくなります。

それに対して、「価格弾力性が低い製品」としては、生活必需品が挙げられます。例えば、お米などの食品は、価格が多少値上がりしても、生活に欠かすことができないため需要に大きな変化はありません。

また、代替品や類似品の有無も大きく影響します。独自性が低く、類似製品が多い製品の場合は、価格を上げると需要が代替品に流れてしまいます。

このような点を理解して、自社製品の価格設定に当たっては、製品特性や代替品の有無などから、価格弾力性の程度を押さえておきましょう。


最適な価格とは、一言で言うと「限界利益が最大となる価格」です。

これに関連して、京セラ創業者の稲盛和夫さんの「値決めは経営である」という有名な言葉があります。

利益感度が最も敏感である「値決め」が、経営においていかに重要かを示した言葉です。非常に重要なので、そのまま引用します。


「経営の死命を制するのは値決めです。値決めにあたっては、利幅を少なくして大量に売るのか、それとも少量であっても利幅を多く取るのか、その価格決定は無段階でいくらでもあるといえます。

どれほどの利幅を取ったときに、どれだけの量が売れるのか、またどれだけの利益が出るのかということを予測するのは非常に難しいことですが、自分の製品の価値を正確に認識した上で、量と利幅との積が極大値になる一点を求めることです。

その点はまた、お客様にとっても京セラにとっても、共にハッピーである値でなければなりません。この一点を求めて値決めは熟慮を重ねて行わなければならないのです」

（『京セラフィロソフィ』稲盛和夫著、サンマーク出版）

最適な価格を設定することは簡単ではありませんが、近年、ビッグデータとＡＩを活用して、需要の価格弾力性を予測する「ダイナミックプライシング」という仕組みが出てきました。

ホテルの宿泊料金や航空券など、以前から価格変動が消費者に受け入れられやすいサービスにおいて導入が始まっています。

うまく活用できれば、ホテル料金などを需要予測に応じてリアルタイムで変更し、利益を最大化する値決めが可能となります。現在では大手企業中心の導入ですが、この分野は日進月歩なので、中小企業でも活用できる日はそう遠くないでしょう。

現時点では、経営者の重要な経営判断として、「売上量と利幅の積が極大値になる価格」を決定しなければなりません。

価格を少しずつ上げていって、どの価格帯の売上と利幅が最大になるかという実験ができればいいのですが、実際の市場では、なかなかそうはいきません。

最適価格を探るためには、次のようなやり方があります。

新製品を発売する際に、テスト販売を実施し、選定したモニターに対してアンケートを行い、以下のような質問に答えてもらいます。

①この製品は、製品価値に比べて安いと思いますか？　高いと思いますか？
②その理由はなぜですか？
③高すぎるので買わないと感じる価格はいくらですか？
④安すぎるので買わないと感じる価格はいくらですか？

④を聞くのは、あまりに価格が安すぎても不安を感じるためです。

テスト販売期間を設けて、最適価格のシミュレーションができる場合は、このようなやり方も選択肢の一つでしょう。

3 商品単価を上げる――モノ＋コト（サービス）

商品単価を上げるための取り組みとして、次に「コト」を取り上げます。

「コト」はサービスや体験のことで、「モノ＝製品そのもの」と対比して語られます。

インバウンド消費も、近年では、「モノ」を爆買いするよりも、地方に行って伝統芸能や地域の行事に参加するなど、「コト」を体験する観光に人気が集まっていますが、「モノ」を販売する上でも、「コト」とうまく組み合わせることで単価アップが可能となります。


東京都町田市に「でんかのヤマグチ」という家電販売店があります。

町田市は、商圏人口一〇〇万人に大手家電量販店がひしめいている激戦地です。

大手量販店は価格で攻めてきますので、普通の家電販売店が同じことをやってもまったく勝ち目はありません。

大手量販店とは販売量が比較になりませんので、調達価格がまったく違います。

「でんかのヤマグチ」は、価格勝負を回避して、高齢者層にターゲットを絞り、買物代行、留守番代行、花への水やり、ゴミ捨てなどの「裏サービス」を提供しています。

そして、小回りの利いた「裏サービス」を提供する代わりに、大手量販店の二〜四割増しの価格で家電を販売します。つまり、モノ（家電）＋コト（生活便利サービス）を提供する仕組みで、単価を上げているわけです。

高齢者にとっては、たまに買う家電が少々高くても、「でんかのヤマグチ」から家電を購入すれば、さまざまな便利サービスをやってもらえます。

最近では、家事代行業のような便利サービスの専門業者もありますが、利用するには、当然お金がかかります。どうせお金がかかるのであれば、気心が知れたヤマグチの方がいいということで、地元では「遠くの親戚より近くのヤマグチ」とまで言われています。

顧客の絞り込みについては、改めて第三章で触れますが、どんなビジネスであっても、すべての顧客に支持されることは困難です。

「でんかのヤマグチ」は、ターゲットを生活の困りごとが多い高齢層に絞り込むことで、顧客満足度を上げながら、単価アップに成功している非常にいい事例です。

4 商品単価を上げる——前後工程の取り込み

自社のコア業務の前後の工程を取り込むことで、単価アップを図ることができます。千葉県松戸市に株式会社佐川という板金加工の会社があります。主力業務は、クリニックやホテルなどの受付に設置する情報端末の製作です（66ページの図3参照）。

昨今、深刻な人手不足の影響を受けて、クリニックの自動精算機、ホテルの自動チェックイン機など、店舗サービス業において無人の受付端末機の導入が進んでいます。

同社は長年、金属加工を手掛けてきた会社で、コア技術は板金加工です。

板金加工は同業者が多く、差別化が難しいため、同社は、前工程である設計（三次元CAD）と、後工程であるIT機器の組み込み・梱包・出荷までを、すべて自社一貫体制で行うことで差別化を図っています。

受付情報端末の筐体《きょうたい》内部には、タブレットやレシートプリンター、ICカードリーダーなど、さまざまなIT機器が組み込まれますが、同社は顧客であるITベンダーからIT機器を預かり、機器の組み込みと配線まで行います。

図3

受付情報端末の筐体

受付端末の板金加工だけでなく、上流工程である三次元設計から下流工程であるIT機器のセットアップまでできる板金業者は、関東圏にほとんどいないため、同社はシビアな価格交渉を回避して、適正価格によって受注できています。第五章に、同社の事例を詳しく記載していますのでご覧ください。

もう一つ事例を挙げましょう。

大阪市に大日運輸株式会社という運送会社があります。

コア業務は運送ですが、四〇年以上にわたる建設工事現場などへの建材搬入のノウハウを活かして、建材配送の後工程である「建材の加工業務」を手掛けています。

本格的な加工設備を導入して、建材を指定寸法に切断したり、指定場所に穴あけしてから搬入するなど、現場の進捗に合わせて建材を加工して納入するサービスを行っています。人手不足が深刻な建設現場としては、このサービスの利用によって、現場工数の短縮や、ゴミが発生しないなどのメリットがあり、同社にとっても、見積もり価格を上げることに成功しています。

このように、コア業務の前後の工程を取り込み、付加価値をのせることによって、単価アップが実現します。

単品見積もりの場合は、価格の比較がしやすいため、相見積もりを取られやすくなります。

しかし、見積もり項目が増えることで見積もりの構成が複雑になり、見積もりが比較しにくくなるため、シビアな値引き要請を避けやすくなります。

同じ条件で見積もりのできる同業者がいない場合は、相見積もりにすらなりません。

前後工程の取り込みの条件としては、顧客の課題解決に貢献することが前提となります。

現在行っているコア業務の前後の工程を顧客の視点で見直し、自社に取り込むことで顧客の課題解決に貢献できるのかがポイントです。

5 商品単価を上げる——アップセル

アップセルとは「より単価の高い商品を顧客に購入してもらうこと」です。

例えば、ある商品を検討している顧客や、以前商品を購入した顧客に対して、より高額な上位モデルを案内し、買い換えてもらうようなケースです。

各種会員サービスなどで、ベーシック会員とプレミアム会員を設定し、より便利な機能が使える上位の会員サービスを勧めて、乗り換えを促すことがよくあります。

また、情報系商材でも、まず無料公開ページを用意しておいて、これ以上の購読を希望する場合は有料とする場合があります。

これもお試しで集客したあとに、上位の有料サービスを勧めるアップセルの一例です。

アップセルのシンプルな方法として「松竹梅メニュー」の設定があります。

これは、三段階の価格の商品を用意すると、心理的に、一番下の梅を避けて真ん中の竹を選ぶケースが多いので、竹の利益率を少し上げておいて利益増を狙うやり方です。

6 商品の購入数を増やす――クロスセル

次に、商品の購入数を増やす取り組みを考えます。

クロスセルとは、顧客がある商品を購買した際に、関連商品を勧める方法です。

身近な例では、マクドナルドの「ご一緒にポテトはいかがですか」が有名ですね。

このように、メイン商品を販売した際に、関連商品を一緒に販売することで、商品の購入点数を増やすことができます。


基本的には、顧客が商品を購入すると決めたタイミングで、購入した商品より割安な関連商品を紹介します。例えば、靴を購入した際に、防水スプレーや手入れ用のクリームを紹介された経験は、どなたにもあると思います。

特に、高額な商品の購入を決断すると、心理的に金額に対する抵抗感が薄れますので、提案を受け入れやすくなります。住宅や車の購入を決めた際、さまざまなオプションを提案されると、一緒に購入してしまうケースなどが該当します。

しかし、不要なものは購入してくれませんので、購入した商品を長く大切に、更に便利に使うために必要な関連商品を揃えておくと、同時購入の確率が高まります。

少し高い靴を購入した際に、「長持ちさせるためにはこのお手入れクリームがお勧めです」と言われれば、同時購入の可能性は高まりますし、仮に購入しなくても「押し付けられ感」は生じません。

ネット販売における「レコメンド」機能も、クロスセルの一種です。

これはアマゾンが有名です。アマゾンで書籍などを購入すると、その購入内容から、購入者の属性に応じた関連書籍を勧めるメールが配信され、クロスセルを誘引します。

7 商品の購入数を増やす――パッケージ化

クロスセルは、メイン商品を購入してもらったあとで関連商品を販売します。

それに対して、「パッケージ商品」は、はじめから関連商品をセットで販売します。

例えば、紳士服店が三月頃、「新入社員応援キャンペーン」などの販促タイトルで、スーツ、ネクタイ、Yシャツ、靴下、ベルトなどを五点セットにして販売しています。

家電量販店が、「一人暮らし応援セット」などと銘打って、一人暮らし用の冷蔵庫や洗濯機などをセットで販売するのも同様です。

パッケージ販売で重要なことは、パッケージ化するテーマに対して、顧客に共感してもらえなければ購入には至らないということです。

ターゲット顧客に対して、強く共感を訴求するセットメニューが組めれば、仮に高額商品であってもパッケージ化は可能です。

数量アップの戦略

1 数量アップの考え方

顧客単価アップについて、いろいろな取り組みを見てきましたが、事業内容や競合環境によっては、顧客単価アップが容易ではないケースもあります。

この場合は、55ページの説明の通り、売上数量アップの戦略を検討します。

以下、売上数量アップの取り組みについて、顧客数を増やすことと、購入頻度を増やすことに分けて見ていきます。

2 顧客数を増やす

新規顧客の獲得は、持続的成長を図る上では欠かすことができません。

しかし、新規顧客開拓は簡単ではありませんし、コスト（お金と時間）もかかります。

一般的に、新規開拓のコストは、既存顧客を維持するコストの五倍かかると言われています。

既存顧客の維持がおろそかになり、他に流出させてしまってはまったく意味がありません。

よって、顧客開拓コストに留意した上で、いかにして新規顧客を開拓するかがポイントになります。図4をご覧ください。

図4

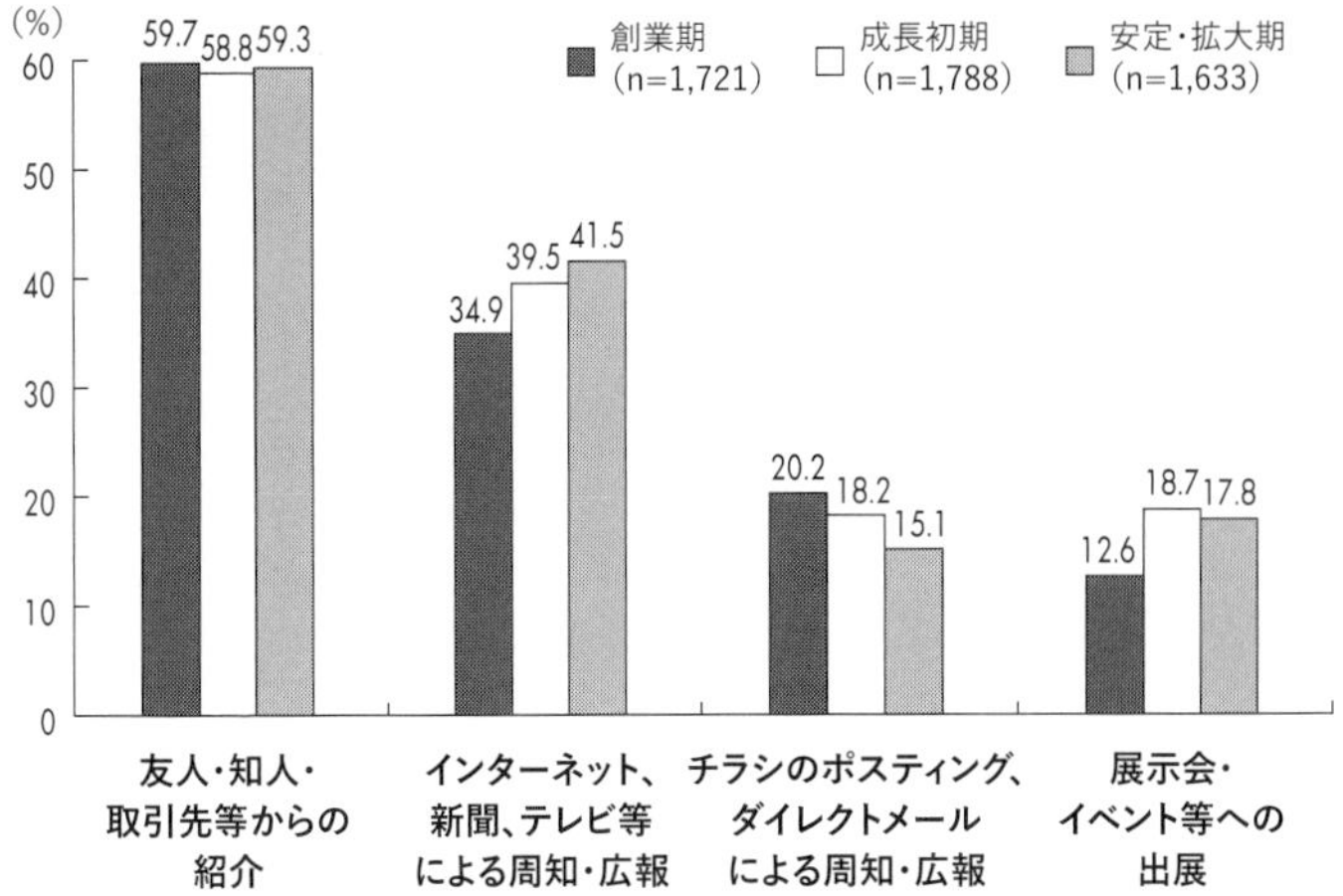

2017年版 中小企業庁「小規模企業白書」より

中小企業庁の二〇一七年版「小規模企業白書」に、「持続成長型企業における成長段階ごとの販路開拓の取組」が載っています。

創業期、成長初期、安定・拡大期の、各ステージにおける販路開拓の取り組み内容ですが、一位が「友人・知人・取引先などからの紹介」、二位が「インターネットなどのメディアによる周知」、三位と四位が僅差で、「チラシなどのポスティング」と「展示会・イベントなどへの出展」になっています。

いずれもオーソドックスな方法です。新規開拓に王道はありませんので、誰も気付かなかった、あっと言うような方法はなかなかありません。

このような地道な販路開拓方法を組み合わせて、着実に実行する必要があります。

〈友人・知人・取引先などからの紹介〉

紹介は受け身で待っていても発生しません。よって、営業活動として、紹介を戦略的・能動的に仕掛ける必要があります。

紹介営業のメリットは、何と言ってもコストがほとんどかからないことです。

例えば、最終製品を持たない加工業では、ＳＮＳでの販促や展示会の活用はひと工夫が必要なため、紹介によって顧客開拓ができれば非常に効果的です。


まずは図5のような、自社・紹介元・紹介先が「三方よし」になるような紹介メリットのトライアングルをまとめてみましょう。この三方よしが成立しないと、紹介は機能しませんので、三方にとって、どのようなメリットがあるかを整理します。

次に、友人や既存取引先の社長の中で、紹介をお願いできるほど関係性が深く、かつ、人脈が豊富そうな人をピックアップします。

図5

紹介メリットのトライアングル

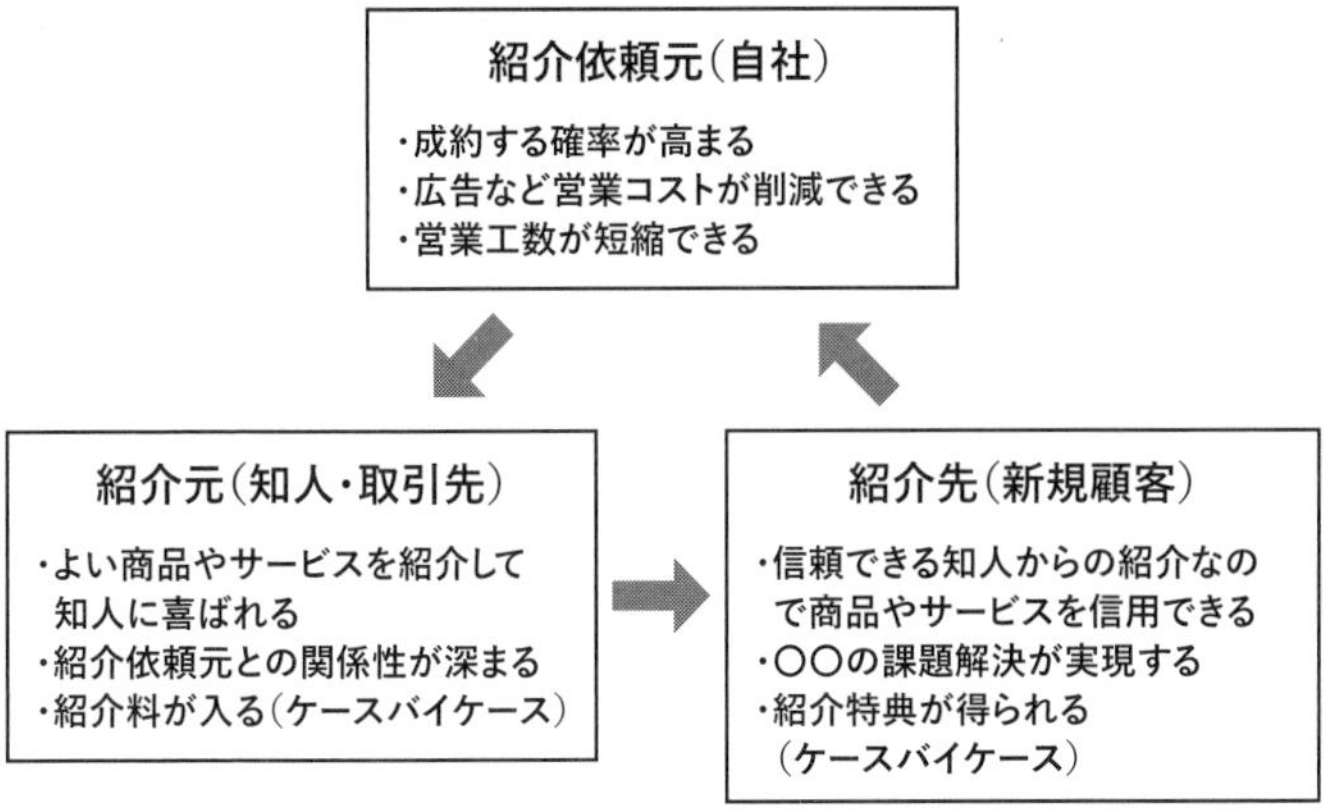
紹介依頼元（自社）
・成約する確率が高まる
・広告など営業コストが削減できる
・営業工数が短縮できる
紹介元（知人・取引先）
・よい商品やサービスを紹介して知人に喜ばれる
・紹介依頼元との関係性が深まる
・紹介料が入る（ケースバイケース）
紹介先（新規顧客）
・信頼できる知人からの紹介なので商品やサービスを信用できる
・○○の課題解決が実現する
・紹介特典が得られる（ケースバイケース）

そして、次のような視点で、その人のネットワークを調べます。

・地域経済：商工会議所、青年会議所（JC）、日本商工会議所青年部（YEG）など
・取引先　：仕入先、外注先、得意先など
・同業者　：同業者組合、協会など
・同　窓　：出身高校、出身大学など
・趣　味　：ゴルフクラブ会員、趣味の仲間など

例えば、同業者の組合や商工会議所で役員をやっていたりすると、かなりネットワークが広いはずです。

紹介を依頼する際は、「どこか紹介してく

ださい」ではなく、そのネットワークの中で「〇〇社を紹介してください」と具体的に依頼しなければなりません。

自社ならではの特徴を持っていると、紹介元は紹介しやすくなります。

そのためには、何かNo.1と呼べる分野を作ることです。何も大きな単位のNo.1でなくても構いません。地域、商品、顧客層などを絞って、小さい領域でもいいのでNo.1の分野があると、紹介されやすくなります。

No.1のメリットについては、第三章で改めてご紹介します。

〈インターネットなどのメディアによる周知〉

SNSを始めてみたものの、うまく活用できず、コンテンツを更新せずに放置している企業も少なくないと思います。しかし、SNSの活用は、大手に比べて販促予算が限られている中小企業にこそ、適している販促方法と言えます。

SNSをうまく活用することができれば、宣伝広告コストを抑え、リピーターなどの自社ファンを育成することができますので、業種業態によっては非常に有効な販促策です。

図6

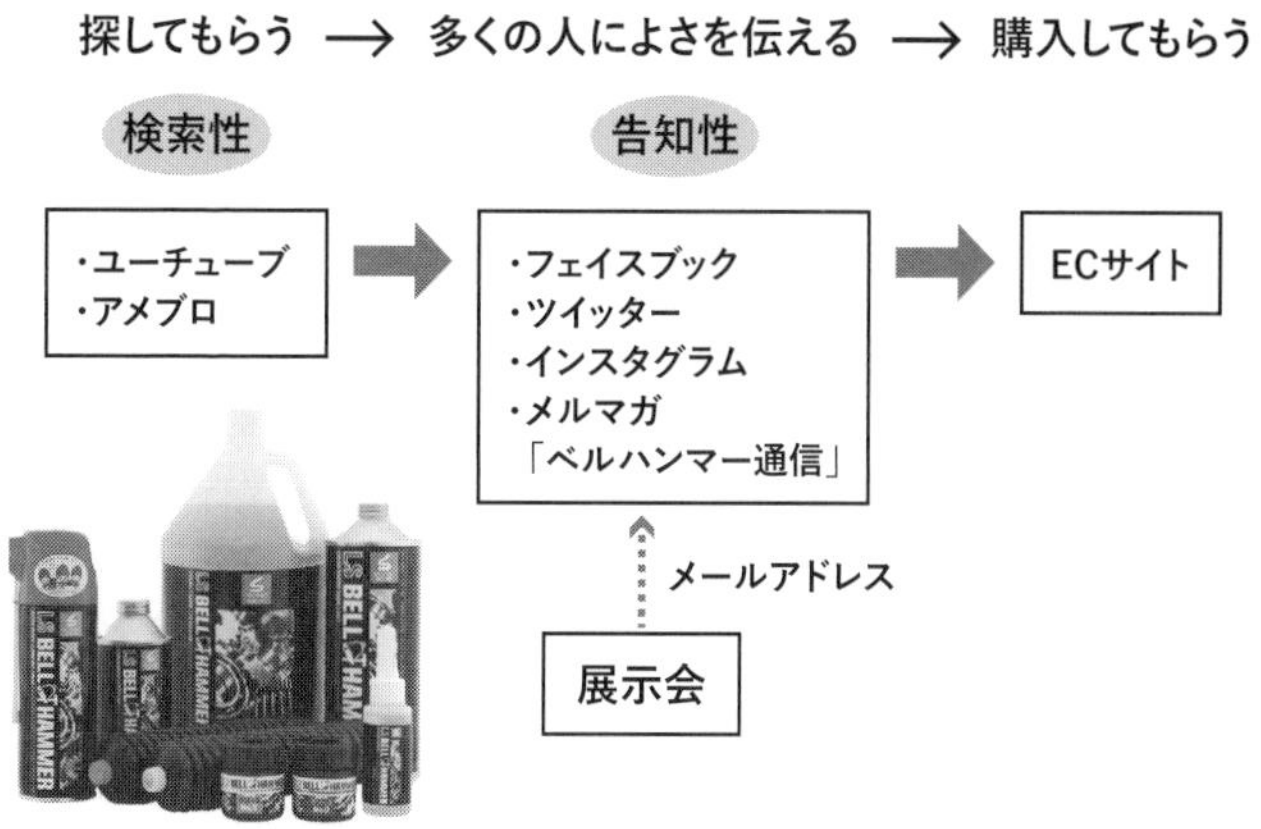

中小企業のＳＮＳの活用事例をご紹介します。

千葉県松戸市にスズキ機工株式会社という産業用自動機械の設計・製造を行っている会社があります。同社は汎用商品である潤滑剤の販売を開始した二〇一五年からＳＮＳの活用を始め、一年後に、ベルハンマーという潤滑剤の販売数量を、年間五〇〇〇本から八倍の四万本にまで伸ばしました。

社長の鈴木豊さんは、最初からＳＮＳに詳しかったわけではありません。最初は見よう見真似で始め、関連書籍を読んだりセミナーに参加しながら、失敗を繰り返して、徐々にＳＮＳの活用方法を自分なりに確立させていきました。現在の活用体系は図６の通りです。

図7

小規模事業者の自社ホームページの開設の有無と販売先数の変化

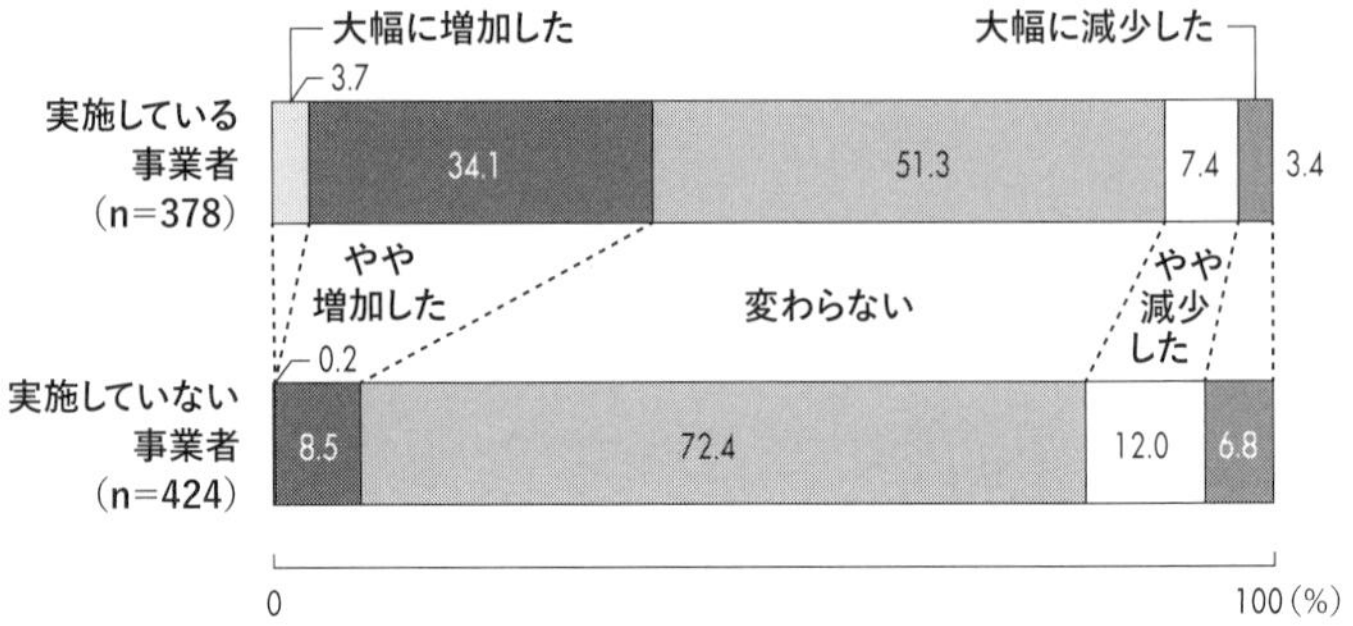

2014年版 中小企業庁「小規模企業白書」より

まず、検索性に優れたユーチューブなどで「潤滑剤」と検索すると、自社商品の「ベルハンマー」が上位に表示されます。そこから、告知性に優れたフェイスブックなどに誘導して、ECサイトでの好意的なレビューを告知します。

このレビューがきっかけとなってECサイトを訪れ、購買してもらうという流れです。

ベルハンマーは某ECサイトのレビューが五点満点中、四・七点と満点に近いため、このサイクルがうまく回っています。日々の運用は、担当者がECサイトのレビューを見て、満足度の高いレビューをフェイスブックなどにコピーするだけなので、一日五分もかかっ

図8

ホームページで訴求したい商品・サービスを決める

↓

訴求したいターゲットを絞り込む

↓

ターゲットの悩みや課題を想定する

↓

想定した悩みや課題を解決する情報を提供する

（以上）【絶対価値 】なぜ、その商品・サービスを購入する必要があるのか

↓

課題解決を実現する手段として、
当社の商品・サービスが役立つ根拠を示す

【相対価値 】なぜ、競合ではなく当社からその商品やサービスを購入する必要があるのか

↓

そのためにどんなコンテンツを、どんな順番で
並べればよいか検討する

ていません。同社の事例は第五章で詳しく紹介しています。

次に、ホームページによる集客ですが、二〇一四年版「小規模企業白書」（図7）によると、ホームページを開設している企業が、「顧客が大幅に増加した」「やや増加した」割合が約三八％であるのに対して、開設していない企業は、同約九％となっており、ホームページによる集客は、一定の効果があることを示しています。

しかし、単にホームページを開設しただけで、顧客が増えるわけではありません。

図8のような手順で、ターゲット顧客に対して、まず「絶対価値」を、次に「相対価

値」を伝え、自社を選んでもらわなければなりません。

「絶対価値」から「相対価値」への訴求が逆になると、効果が出ません。例えば、いきなり「当社の〇〇は機能が豊富で……」と書いても、購買意欲にはつながりません。

まずは「顧客の悩みやニーズを解決する情報」を提供し、そのあとで「当社の商品やサービスがどのように悩みの解決に役立つかを紹介する」作りにすることがポイントです。

〈展示会・イベントなどへの出展〉

展示会には、次のようなメリットがあります。

- 新規顧客やアライアンス先を開拓できる。
- 来場者のニーズを収集して新商品開発に活かせる。
- 来場者に自社の強みや商品情報を伝えられる。
- 競合先や業界の動向を把握することで、事業展開のヒントにできる。

展示会の魅力は、何と言っても短期間で担当者情報（名刺）が収集できて、見込客と出会えるチャンスがあることです。決裁者と直接商談できることもあります。しかし、出展

図9

展示会出展 目標と成果(例)

項目	目標	成果	達成率
来場者(ブース立ち寄り人数)	500	450	90%
名刺獲得	300	250	83%
アポイント	30	25	83%
案件化	10	8	80%
受注	3	2	67%

コストは決して安くありませんし、事前の準備も大変です。また、ブースに立ち寄ったからといって、すぐに購買につながるとは限りません。

展示会に出展する場合は、展示会の費用対効果を想定するため、また目的・目標を明確にするために、図9のように、展示会によって獲得したい成果の目標数字を設定しましょう。

これによって目標が明確になり、毎年出展するのであれば、ブースの作りや接客方法を工夫するなど、前年よりも数値を改善するための指標になります。

展示会後のアポ取りは、やみくもに行っても成果は出ません。

アンケートに「興味があるから説明に来てほしい」などと記載しているケースを除いては、アポ取りをしても嫌がられるだけです。

しかし、見込度が低い顧客をそのまま放置しておいては、展示会出展の意味がないので、77ページの図6のようにSNSによる販促と連携させるのが有効です。

先ほどのスズキ機工の例では、展示会で収集したメールアドレスにメルマガを配信して、SNS販促の導線に誘導し、見込客を育てています。

出展コストについては、自治体によっては、販路開拓の手段として補助金を設定している場合も多いですし、商工会議所が補助して、地域の会社が共同でブースを出展し、単独出展よりもコストを抑えられることもありますので確認しましょう。

新型コロナウイルスの影響により、従来の展示会の代替策としてオンライン展示会というイベントが開催されています。ウイルス終息後も、リアル展示会とオンライン展示会をそのメリット・デメリットによって、使い分ける流れになると思われます。

〈チラシなどのポスティング〉

地域密着型のビジネスを展開している場合、ポスティングは顧客獲得の手段として有効です。しかし、コストもかかるので、極力「無駄打ち」を減らし、効率的にターゲット層に届けることが重要です。そのために活用したいのが、ＧＩＳ（地理情報システム）です。集客のためのチラシをどのエリアに撒《ま》けば、より効率的にターゲット層に届けられるかを分析することができます。

例えば、家族向けサービスを扱う店であれば、ファミリー層の多いエリアにチラシを撒くのが効率的ですが、ＧＩＳを使えば「町丁目」という細かい単位で、ファミリー層の多いエリアを見つけることが可能です。

国勢調査などさまざまな調査データに基づき、人口、世帯数、男女別、年齢層別、年収別などを地理的に分析できるため、勘に頼るよりもはるかにポスティングの費用対効果が向上します。

商工会議所によっては、会員サービスとしてＧＩＳによる商圏分析を行っているところもあり、その場合はコストをかけずに活用することも可能です。

3 購入頻度を増やす——シェア拡大を図る

次に購入頻度数を増やすための取り組みですが、まず、シェア拡大について考えます。

シェアは、「自社売上÷対象市場の需要額」で表すことができます。

シェアは、顧客内シェア、地域シェア、商品シェアなどさまざまありますが、顧客内シェアであれば、他社からではなく、自社から買ってもらう頻度を高めることで、シェアを高めることができます。


シェア拡大に向けた方策は、事業形態が「パレート型」なのか、「ロングテール型」なのかによって異なります（図10）。

「パレート型」は、「全体の八割は主要な二割の要素で構成される」という「パレートの法則」が当てはまる事業形態です。ＢｔｏＢビジネスの多くの業態で、「売上全体の八割は主要な二割の顧客でもたらされる」ということが当てはまります。


それに対して「ロングテール型」は、「上位の企業が全体の売上に占める割合が低く、小口の取引先の集合によって大きな売上が構成される」という事業形態です。

グラフにすると、恐竜のしっぽ（テール）のようになることから、ロングテールと言われます。「ロングテール型」ビジネスは、ネット販売の成長とともに出現しました。

図10

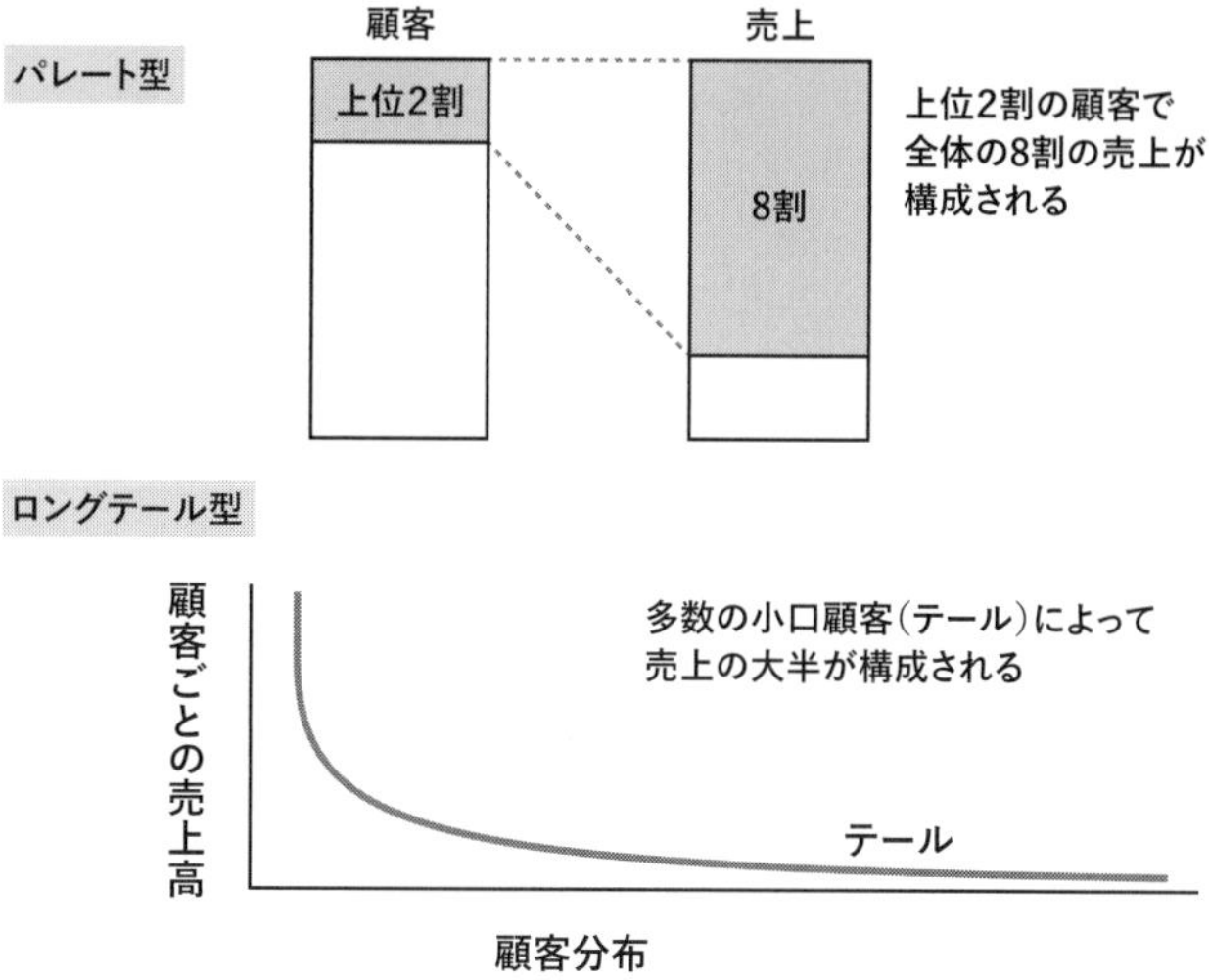

実店舗型ビジネスでは、店頭に陳列する商品の数は限られますが、ネットであれば無数に品揃えをすることが可能になります。

アマゾンがこのモデルの代表例ですが、BtoCだけでなく、BtoBでも、文具を販売するアスクルや、工場などへ工具や部品を販売するモノタロウなども「ロングテール型」です。

「パレート型」のシェア拡大策ですが、「パレート型」は、上位の顧客が大きな売上を占めるため、重点顧客を選定して、限られた営業リソースを重点顧客に優先的に配分し、顧客生涯価値

（取引期間中の総売上－取引コスト）を最大化させることが重要です。

人的リソースを全顧客に満遍なく割り振ると営業コストがかかりますので、売上のほとんど（八割）をもたらす二割の優良顧客に対して、人的リソースを集中するという考え方です。


営業マンは、訪問しやすい顧客を優先しがちにするため、まず重点顧客の選定ルールを決めます。そのためには、「拡販余地を加味した顧客のＡＢＣ分析」が有効です。

通常のＡＢＣ分析は、顧客に対する年間の売上高を高い方から並べて、上位二〇％をＡランク、中位四〇％をＢランク、下位四〇％をＣランクなどとするやり方です。

しかし、この分析には問題があります。

自社の売上高の情報だけでは、拡販余地（販売ポテンシャル）が捉えられないことです。

例えば、図11のケースでは、顧客Ａ社、Ｂ社、Ｃ社に対する自社の売上は、すべて年間一〇〇万円です。それに対し、顧客Ａ社、Ｂ社、Ｃ社は、同業他社から、それぞれ、四〇〇万円、一〇〇万円、三〇〇万円購入しています。

つまり、同じ年間売上一〇〇万円の顧客でも顧客内シェアが異なります。

図11

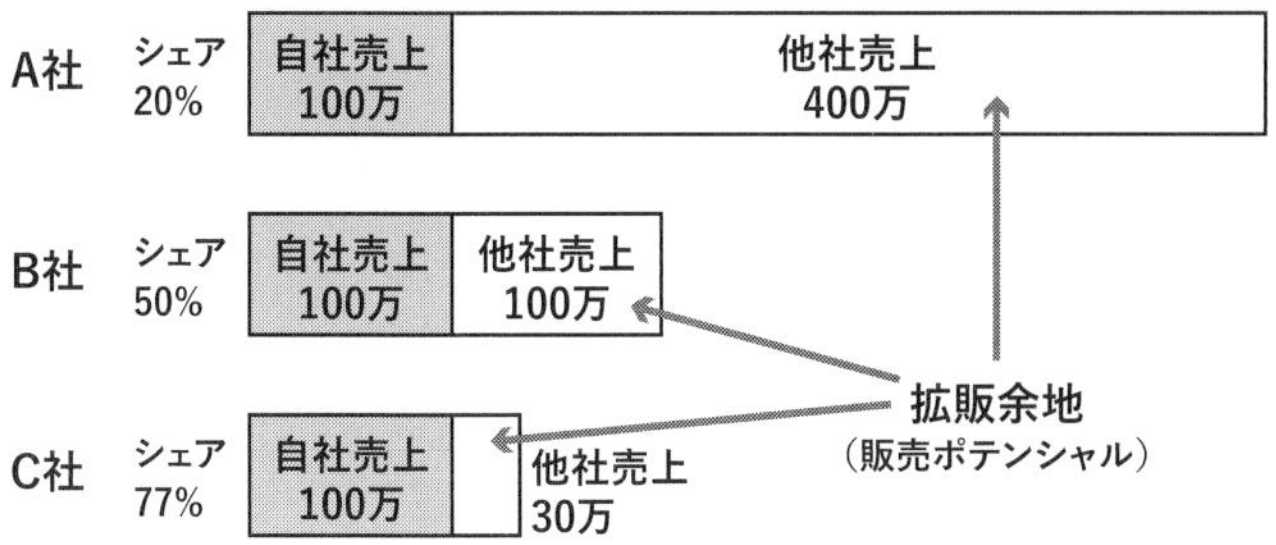

この三社を比べた場合、最も拡販余地があるA社が、優先攻略すべき顧客となります。

「拡販余地」は個別の企業の購買力を示していますが、公開されている情報ではないので、営業活動の中で調べるしかありません。

簡単なことではありませんが、「情報なくして戦略なし」と言われる通り、同業者が把握していない「拡販余地」を調べることができれば、営業リソースをポテンシャルの高い重点顧客に優先配分して、顧客内シェアを拡大することが可能となります。

一方、「ロングテール型」でシェアを拡大するためには、ネットで集客する仕組みを構築して、いかに効率的に新規顧客の獲得を図るかがポイントになります。

第五章で、中小企業がロングテール型ビジネスで成功している事例として、枕のネット通販で事業を拡張しているまくら株式会社の事例を掲載していますのでご確認ください。

シェアと利益の相関関係を調査したデータがあります。

NPOランチェスター協会常務理事の福永雅文氏は、一六業界三四社を抽出して、「市場シェア」と「利益」の相関関係を調査し、「市場シェア」が高まるほど、「営業利益率」との間に高い相関関係が生じることを確認しました。

(『「営業」で勝つ！ ランチェスター戦略』福永雅文著、PHPビジネス新書)

4 購入頻度を増やす――ストックビジネス

ストックビジネスを構築することができれば、購入頻度を増やすことが可能になります。

ストックビジネスとは、一言で言うと「継続的に収益を生む仕組み」です。

私は、長年、メーカー系の事務機およびIT機器の販売会社で営業をしておりましたので、ストックビジネスの恩恵を肌で感じてきました。

例えば、複写機であれば保守料（コピー料金）、プリンターであればトナーカートリッジやインクカートリッジが本体に付随します。

本体を販売したあとは、消耗品代や保守料が安定的に入ってきますので、本体の設置台数が増えれば増えるほど、累積的に収益が積み上がります。

このモデルは、ジレットという髭剃り・カミソリの会社が、それまでは本体と替え刃が一体だったものを切り離し、本体を安くして消耗する替え刃を別売りにし、継続的に購入してもらって収益を上げる仕組みを考案したのが最初と言われています。

ストックビジネスには、次のようにさまざまな種類があります。

・消耗品や付随品を伴う機器を設置する（複写機、自動販売機、浄水器など）。
・定期購入品を販売する（雑誌の定期購読、健康食品など）。
・毎月払いでサービスを提供する（不動産賃貸、携帯電話、スポーツクラブ会員など）。
・保守などの定期サービスを機器販売に組み込む（エレベーターの定期点検など）。
・各種フランチャイズビジネス（加盟店からのロイヤリティー収入など）。

ストックビジネスのメリットは、何と言っても安定収益を得られることです。一度顧客として獲得すれば、解約が生じない限りは、継続的に収益を上げることができます。

図12をご覧ください。上の図が第一章（図5）で紹介した損益分岐点の図です。下の図は、ストックビジネスの限界利益がベースの収益としてある場合です。上の図との違いは、ストックビジネスの限界利益で固定費の一部を回収しているため、他のビジネスと合わせた損益分岐点が下がっていることです。

理想的には、ストックビジネスによる限界利益で固定費をすべて回収してしまう状態になることです。

私が勤務していた事務機販売会社では、ストック比率（ストックビジネスによる限界利益÷固定費）と呼んで、この指標が一〇〇%に近づくように、営業部門別に管理していました。

案件獲得型（フロー型）のビジネスの場合は、営業活動をやり続けなければ収益が止まってしまいますが、ストック型であれば、安定収益が得られるために、景気などの外部環境の影響を受けにくくなり、収益が安定します。

図12

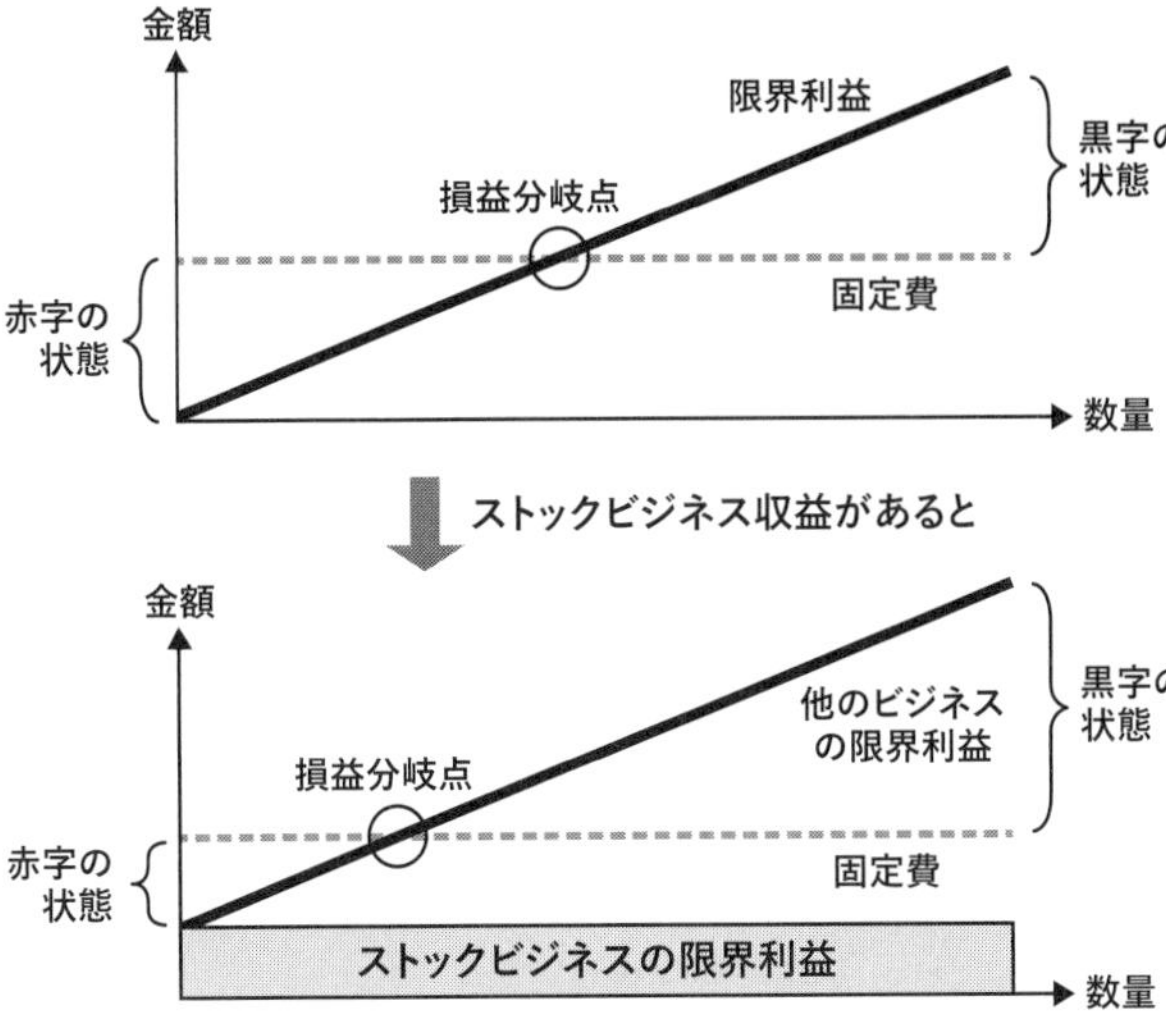

もちろんメリットばかりではありません。継続して収益を上げるためには、価値を提供し続けなければならず、類似サービスに品質で劣れば、乗り換えられてしまいます。

また、ストックビジネスを構築するために大きな先行投資が必要な場合は、支払いが先行するため、資金繰りに影響が出る場合もあります。

ストックビジネスの展開で事業を拡張している中小企業の事例として、77ページのSNSによる販促のパートで紹介したスズキ機工株式会社があります。

同社は、産業用自動機械のオーダー生産を行いながら、汎用商品を次々と生み出しています。汎用商品はすべて、潤滑剤など継続購買型のストックビジネス商品です。ストックビジネス商品の開発の仕組みについては、第五章に掲載している同社の事例をご覧ください。

変動費率ダウン（限界利益率アップ）の戦略

1 コストダウンの注意点

変動費の削減においては、変動費を下げたことで販売数量に影響が及ばないように注意する必要があります。

例えば、飲食業において、安い食材に変えたことでメニューの品質が下がり、販売数量が減ってしまうというような例は、珍しいことではありません。

また、仕入先に対する度を越した値引き交渉も、仕入先との信頼関係を損ねるなどの悪影響があります。よって、自社と仕入先の双方にとってはWIN－WINとなり、顧客に対しては品質低下などの悪影響が生じないような変動費削減の取り組みが望ましいと言えます。

2 利は元にあり

中小企業は、調達のボリュームが小さいため、大手のように規模を活かしたコスト削減は難しいですが、「利は元にあり」という言葉があるように、どんな業種でも、よいものを少しでも安く仕入れることに関しては、アンテナを張っておく必要があります。

変動費において最も大きなウエイトを占めるのは売上原価です。

製造業であれば原材料費や部品購入費、卸売業や小売業であれば商品仕入高ですが、既存の仕入先に限定せず、「価格」「品質」「納期」の点で、ネットの活用も含め、よりよい仕入先の情報収集を怠らないようにしたいものです。

図13

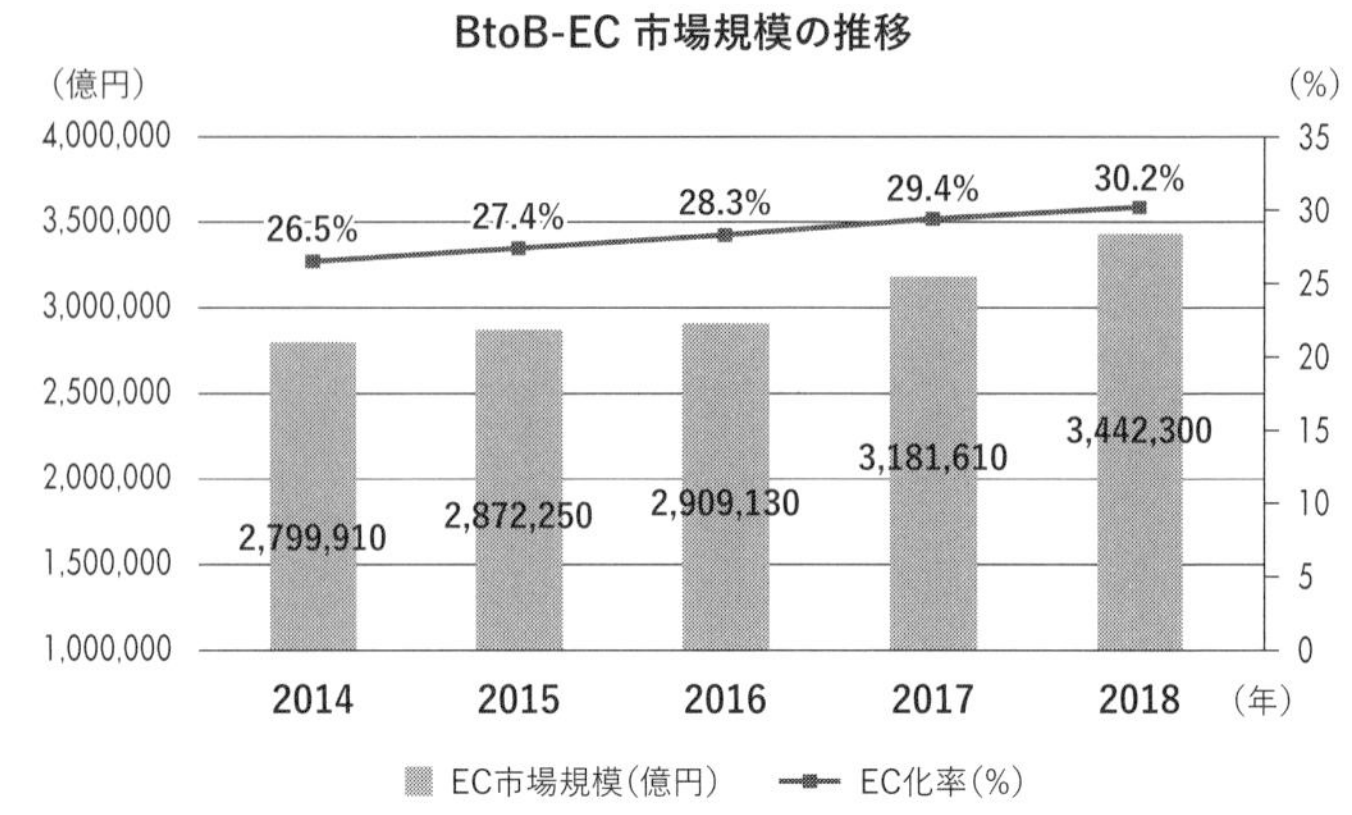

2018年度「電子商取引に関する市場調査」経済産業省

〈BtoB－EC〉

メーカーや商社などが、自社商品をネットで卸売りをする自社サイト（以下BtoB－EC）の市場が拡大しています（図13参照）。

経済産業省の調査によると、二〇一八年度の市場規模は約三四〇兆円です。

メーカーや商社にとっては、ネットを活用することで、今までよりも販路が広がり、かつ、電話やFAXなどの従来の受注方法の見直しが可能となるため、業務効率化が進むというメリットもあります。

今後ますます、BtoB－ECに参入する企業も増えてくるため、仕入先の情報収集およびに選定においては、更に有力な選択肢となってきます。

その他の、オーソドックスな仕入コスト削減方法としては、次のようなものがあります。

〈仕入先の集約〉

調達のリスク分散や相見積もりを取得するために、複数の仕入先と取引することは有効ですが、仕入先を広げすぎると深い付き合いができません。

仕入先を数社に絞り込んで集約し、一社当たりの調達額を増やすことで、取引条件の交渉が可能となります。

〈計画発注〉

無駄な発注をして在庫を抱えたり、品切れによる機会損失を避けるために、需要予測の精度を高めるなど計画的な仕入れを行って、発注コストや在庫コストの削減を目指します。

〈共同仕入れ〉

同種の商品を扱う小売店が提携して共同仕入れを行うことで、中小企業でも仕入交渉力が高まり、数量割引の適用を受けることも可能です。

しかし、調達規模の差による不公平など、調整や運用ルールが難しいという面もあります。

3 製造業のコストダウンの決めてはVE

VE（Value Engineering）とは、製品やサービスの価値を明確にし、そのための機能とコストを見直すことで、「顧客提供価値」の向上を図る手法です。

VEは、調達・製造・使用・廃棄といったライフサイクル全体のコストを最小化しつつ、必要な機能を達成するために、非常に有効な手法です。

VEだけで一冊の本が書けるぐらい、その適用範囲は幅広く、導入事例も豊富です。

VEを進める上では、まず、その製品が「誰が、何のために使うのか」という原則に立ち返ることが必要です。

そして、あくまでもユーザーの立場から機能を分析し、不要な機能は省き、価値の内容やコストに関しても、ユーザーの立場に立って改善アイデアを出します。

例えば、家電は長年、「高級機種イコール多機能」という考え方で進化してきました。

しかし近年、機能は少なくても、デザイン性と絞り込んだ機能が優れていれば、高付加価値商品として支持する消費者が増えています。

具体例では「機能はシンプル、価格はリーズナブル、品質はグッド」が売りの、アイリスオーヤマの掃除機、エアコン、炊飯器などのシンプルな家電は、大変な人気となっています。

これもVEの考え方で、コストを下げながら顧客価値を上げているよい例です。

中小製造業においても、顧客が仕様を決めた図面通りに、部品や加工品を納めているだけでは、交渉条件が納期と価格のみになってしまいます。

それに対して、例えば、「別の材料を使ってこの加工方法を行えば、一ランク安い材料で同じ強度が出せます」などのVE提案を得意としている企業もあります。

仕入先を選定する際に、そのようなＶＥ提案が得意な会社と付き合うことで、自社は部品や加工品の調達コストを削減でき、仕入先においても、利幅を確保した上で顧客のコストダウンに貢献できるため、ＷＩＮ－ＷＩＮの関係が構築できます。

固定費ダウンの戦略

第一章の26ページに記載した通り、利益を残すためには、限界利益＞固定費にしなければなりません。それには、限界利益を増やす取り組みと同様に、固定費削減は有効な方策です。

そのためには、固定費を二つに分けて考える必要があります。

①会社機能を維持するための固定費。
②利益を稼ぐために必要な固定費。

この二つはバランスが重要で、後者については投資として必要なコストをかけなければ、現在および将来の利益を稼ぐことができません。

固定費の中で大きなウエイトを占めているのは人件費になりますので、この二つの視点で、人件費の最適化について見ていきます。

1 直間比率を見直す

人件費を、「会社機能を維持するための人件費」と「利益を稼ぐために必要な人件費」に分けると、前者は「間接人員」で、後者は「直接人員」になります。

「直接人員」とは、売上を上げることに直接関わる営業部門や製造部門が該当します。「間接人員」は、売上に直接関わらないバックオフィス部門（総務・人事・経理など）です。

直間比率は、「直接人員」と「間接人員」の比率で、例えば社員二〇人で、営業と製造が一五人でバックオフィス部門が五人であれば、直間比率は七五％です。

バックオフィス部門は、これがないと会社が機能しませんので必要ですが、利益体質の会社にしていくためには、極力、直間比率を上げていくことが基本です。
直間比率を上げるための取り組みとしては、以下のようなものがあります。

2 業務効率化を進める（ECRSの原則）

業務効率化を図るためには、まずは主要業務ごとに現状把握を行います。
・どの業務のどの部分に改善の余地がありそうか。
・業務の流れを整理し、改善の余地がある業務は、他のどの業務と関連があるのか。
・その業務同士は、どのような情報のやりとりが発生するのか。

次に、業務の流れを把握できたら、問題点を洗い出します。
・業務が特定の個人に依存していないか（業務の属人化が起きていないか）。
・個人が抱えている仕事量に差はないか。
・業務の流れにおいて不必要な手順はないか。

問題点を洗い出してみると、実は不要な業務が意外にあります。

例えば、昔からやっているという理由だけで継続している業務などです。

誰が、どのような業務を、何のために行っているかをお互いに知らないでいると、このような状況が起こりがちです。

問題点を発見したら、本当に必要な業務がどうかを精査し、ＥＣＲＳの原則にのっとって業務を改善していきます。この手法は、業種や業務を問わずに有効です。

〈Eliminate（なくせないか）〉

その業務の最終的な目的を見直して、不要な業務を排除します。

〈Combine（一緒にできないか）〉

同時に行える業務があれば、まとめて行うことで効率化を図ります。

〈Rearrange（順序を変えられないか）〉

業務の処理順序を変更することで、効率化が図れそうかを考えます。

〈Simplify（簡素化できないか）〉

業務の工程の一部を省略しても、同じ成果を生み出すことが可能かを考えます。

業務効率化を実施することで業務をスリム化して、間接業務を減らします。

また、業務効率化の結果、社員ではなくパートでその業務に対応できるようになれば、業務処理を変動費化することに成功し、直間比率が改善します。

3 アウトソーシングを活用する

アウトソーシングをうまく活用して直間比率を高め、業績を高めている企業があります。

東京都港区の株式会社ヒューマンセントリックス（ＨＣＸ）という動画制作会社は、何と直間比率がほぼ一〇〇％です。

八〇人の社員の中で、間接業務のみを担当している社員はいません。

世の中の大半の動画制作会社は、営業が案件を受注し、外部のカメラマンや編集のクリエーターへ外注する、多重下請け構造の典型的な変動費型事業です。

社長の中村寛治さんは、外注すると品質にばらつきが出たり、ノウハウが社内に蓄積されないという弊害をなくすため、コンサルティング営業、カメラマン、編集スタッフなどを、すべて正社員化し、ノウハウの蓄積と品質向上を図っています。

社員をすべて直接人員として戦力化する一方、バックオフィス業務は基本的にすべてアウトソーシングしています。

例えば、総務機能は社労士事務所、経理は会計事務所と連携。採用は人材派遣会社および社長が担当。請求書発行などの業務処理についても、基本的に外注しています。

直接人員も多少は業務処理の仕事はしますが、一〇〇%間接業務を行う社員はいません。

同社の事例は第五章で詳しく紹介しています。

4 中小企業のＩＴ活用は待ったなし

中小企業基盤整備機構が二〇一七年に実施したアンケートによると、人手不足を感じている中小企業の割合は七割を超えており、人手不足は深刻です。

その人手不足を補っているのが、社員の残業や多能化です。

社員の頑張りに頼っているのが実情ですが、それにも限界があります。

今後、人手不足は更に深刻化します。労働力の中核である生産年齢人口（一五〜六四歳）は、ますます減少していく見通しで、二〇二〇年以降は、中小企業も働き方改革に伴う残業規制に対応しなければなりません。

人手不足の解消には、ＩＴ活用による業務効率化と生産性向上が欠かせませんが、意欲的に取り組んでいる中小企業は少ないのが実情です。


ＩＴは経営資源（人・物・金・情報）である情報の一つなので、ＩＴをどう活用するかを考えることは、経営資源の最適活用を考える社長の仕事です。

「自分はＩＴが苦手」という社長がいますが、もはやそんなことは言っていられません。

例えば、車が動くメカニズムに詳しくなくても車は運転できます。

ＩＴも同様です。ＩＴのメカニズムやプログラミングはわからなくても、どのような業務にどのようなＩＴが活用できるのか、公的機関を含めて、外部連携できるリソースにはどのようなものがあるのか、他社はどのようにＩＴを活用して成果を上げているのかなど、社長自らが率先して取り組まなければなりません。

ＩＴで対応できる業務を人がやっているようでは、直間比率は改善しません。

そのような中小企業は、早晩、利益創出が難しくなるでしょう。

意欲的にＩＴ化に取り組んでいる社長は、「たとえ五分でも毎日定常的に人が行っている業務があればＩＴ化を考える」と言っています。

利益体質の会社は、例外なくＩＴをうまく活用しています。

第五章にＩＴをうまく活用している企業の事例がありますので、参考にしてください。

利益を増やすための五つ目の方策「スピードアップ」

利益を生み出すための戦略として、単価アップ、数量アップ、変動費率ダウン、固定費ダウンの四つを見てきました。

利益感度に直接影響する要素はこの四つですが、利益を増やすためのもう一つの要素として、「スピードアップ」を取り上げたいと思います。

例えば、「在庫の回転をよくして在庫コストを下げる」「新製品開発のスピードを上げて顧客ニーズにいち早く対応して単価を上げる」「売掛金の回収を早くして運転資金の借り入れを減らす」など、スピードは経営のさまざまなプロセスで、量や質の向上に寄与します。

スピードを意識した経営によって、目覚ましい成果を上げている企業に、キーエンスという会社があります。

1 キーエンスに学ぶスピード経営

キーエンスは工場で使うセンサーや測定器を主要製品とするメーカーで、二〇一九年三月期の業績は、年商五八七一億円、営業利益三一七九億円、営業利益率五四％です。

日本が誇る超優良企業で、社員の平均年収は何と二〇〇〇万円を超えており、日本一の給与水準です。

「キーエンスは大手企業だから、中小企業経営の参考にはならない」というご意見もあろうかと思います。

しかし、同社は必ずしも規模の経済性でこれほどの利益を稼いでいるわけではなく、速度の経済性とでも言うべきスピード経営で、高収益を実現しているのです。

同社の高収益の秘訣としては、主に次のような点を挙げることができます。

・ファブレスというビジネスモデル。
・営業マンの卓越したコンサルティング営業力。
・顧客ニーズに即した高付加価値商品を、スピーディーに提供する高速製品開発力。

ここでは、高速製品開発力に関するところをご紹介します。１０８ページの図14をご覧ください。

図の左側の①のサイクルが、営業が顧客のキーマンから、工場の現場の課題を聞き出すサイクルです。顧客への電話アプローチの仕方から、ニーズ収集、提案の手法まで、成功ノウハウが共有され、徹底的に教育された営業が迅速に顧客ニーズを収集します。

図14

キーエンスの高速製品開発サイクル

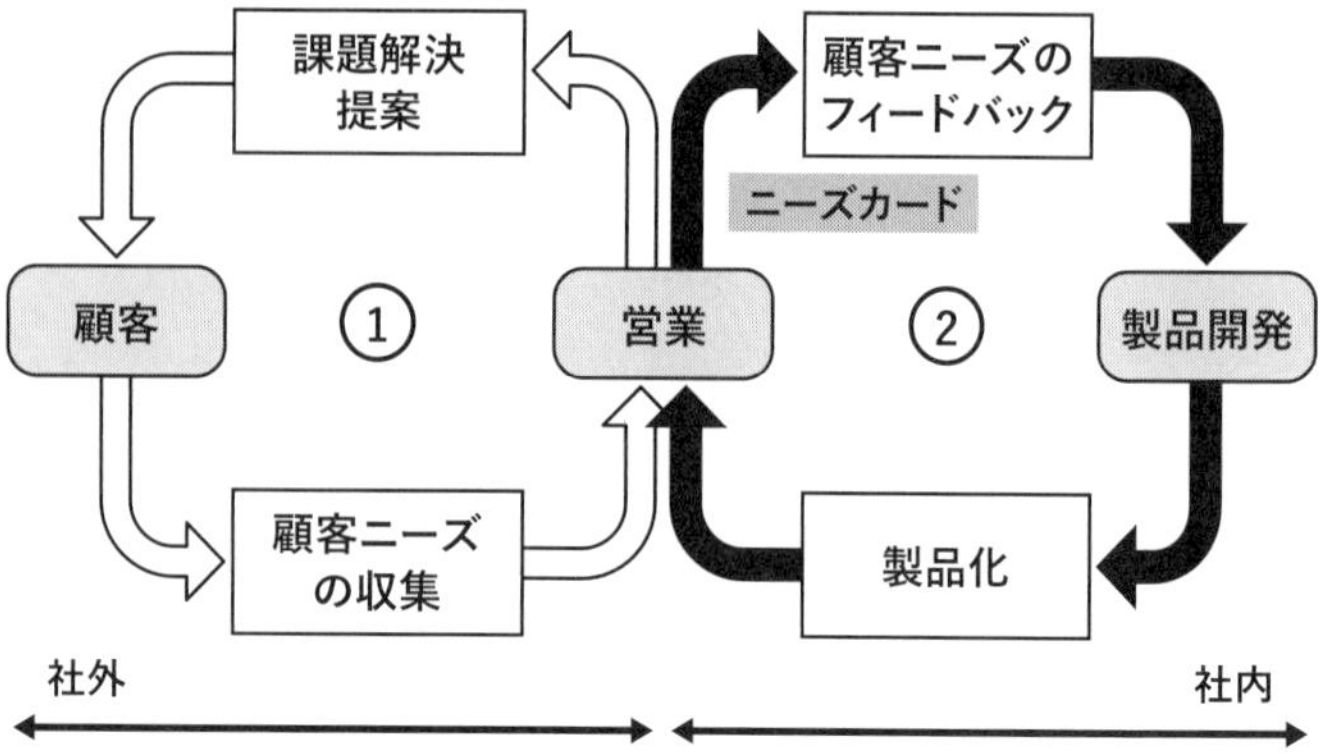

そして、図の右側の②のサイクルは、顧客の課題を詳細に記載した「ニーズカード」が、営業から開発担当者のもとに届く流れです。

開発担当者は膨大な「ニーズカード」をもとに開発を進めます。

開発のキーワードは、世界最速、最小、最軽量など、「まだ世の中にない機能」です。

基本的に営業担当者と開発担当者は顔を合わせず、システム上の「ニーズカード」の連携のみで、新製品開発のもととなる顧客ニーズの伝達を行います。

社内会議の時間を短縮して、他社が同様の製品を出すよりも圧倒的に速いスピードで、新製品を高速サイクルで作り続けます。

そして、営業は、「顧客の収益向上」に焦点を当てて製品を提案します。

例えば、「この製品を使うと、一日〇分の製造時間短縮につながり、人件費が年間で〇万円相当削減できます」や、「この製品は〇万円しますが、貴社の製造に使うことで、〇万円以上で販売できる製品ができます」といったようにです。

このような、顧客の収益向上にフォーカスしたコンサルティング営業によって、競合よりも三倍から一〇倍も高い単価で製品を販売しています。

そして、このサイクルを回し続けることで、粗利率八〇％以上、営業利益率五〇％以上を達成しているのです。

着目したいのは、営業と開発のスピーディーな連携です。

私も社員六〇〇〇人の大手企業に在籍していましたが、大手においては、他部門との連携は事前調整などが入るため、非常に時間がかかります。また、他部門との連携の前に、まず自部門で稟議を回して、各役職者の承認を得なければなりません。

キーエンスのような規模の会社で、営業プロセスと新製品開発プロセスを高速で回し続けることは、容易なことではありません。

しかし、経営資源で大手に劣る中小企業にとって、「スピード＝小回り性」は勝負のポイントの一つです。近年、中小企業経営者の高齢化に伴って、今ひとつ「小回りが利かない」中小企業が増えている気がしてなりません。

スピードは経営において大きな武器になり得ることを、もう一度よく考えたいものです。

2 ボトルネックを改善して、業務プロセスのスピードを上げる

飲食業で販売数量を増やすためには、「座席数を増やす」ことや、「回転をよくする」ことが考えられます。

前者は、改装による追加資本が発生します。

後者は、追加の資本を使わなくても「お客様が入店し、メニューを見て注文し、料理を作る順番を決め、料理を作り、配膳し、食事をして、代金を払う」までのプロセスの無駄を省いて、お客様の回転をよくすることができれば、販売数量を増やすことができます。

このように、主要業務のプロセスを回すスピードを上げることで、利益を増やす方法に

ついて見ていきます。

業務プロセスのスピードを上げるために重要なことは、制約（ボトルネック）に集中することです。これによって、少ない労力で最大の効果を発揮することができます。

先ほどのキーエンスの例（図14）では、以前のボトルネックは、営業から製品開発への顧客ニーズのフィードバックでした。

紙のニーズカードをもとに対面でやりとりしていた際は、コミュニケーションの調整のためにニーズカードが滞留することがありました。それを、非対面で、システム上で受け渡しができるようにすることで、スムーズな連携が可能になり、全体のスピードが上がりました。

業務プロセスのボトルネックを改善する手法にTOC（Theory of Constraints：制約条件の理論）という手法があります。

TOCは、物理学者であるエリヤフ・ゴールドラット氏が、一九八四年に出版した小説の『ザ・ゴール』において発表し、世界中で大ベストセラーになりました。

TOCの活用ステップは次の通りです。

①制約（ボトルネック）を発見する。
②制約の無駄をなくし、徹底的に最大活用する。
③制約以外のプロセスを制約に従属させる。
④制約を強化する。
⑤制約が解消したら、このプロセスを繰り返す。

3 TOCによるボトルネック改善の事例

事例で説明した方がわかりやすいので、私の支援事例を紹介します。

図15をご覧ください。化粧品や大衆薬などを包装する紙器を製造している企業で、TOCの考え方を用いてボトルネックを改善した事例です。

①制約（ボトルネック）を発見する

事例企業の紙器製造プロセスにおいて、ボトルネック工程は検査工程でした。

図15

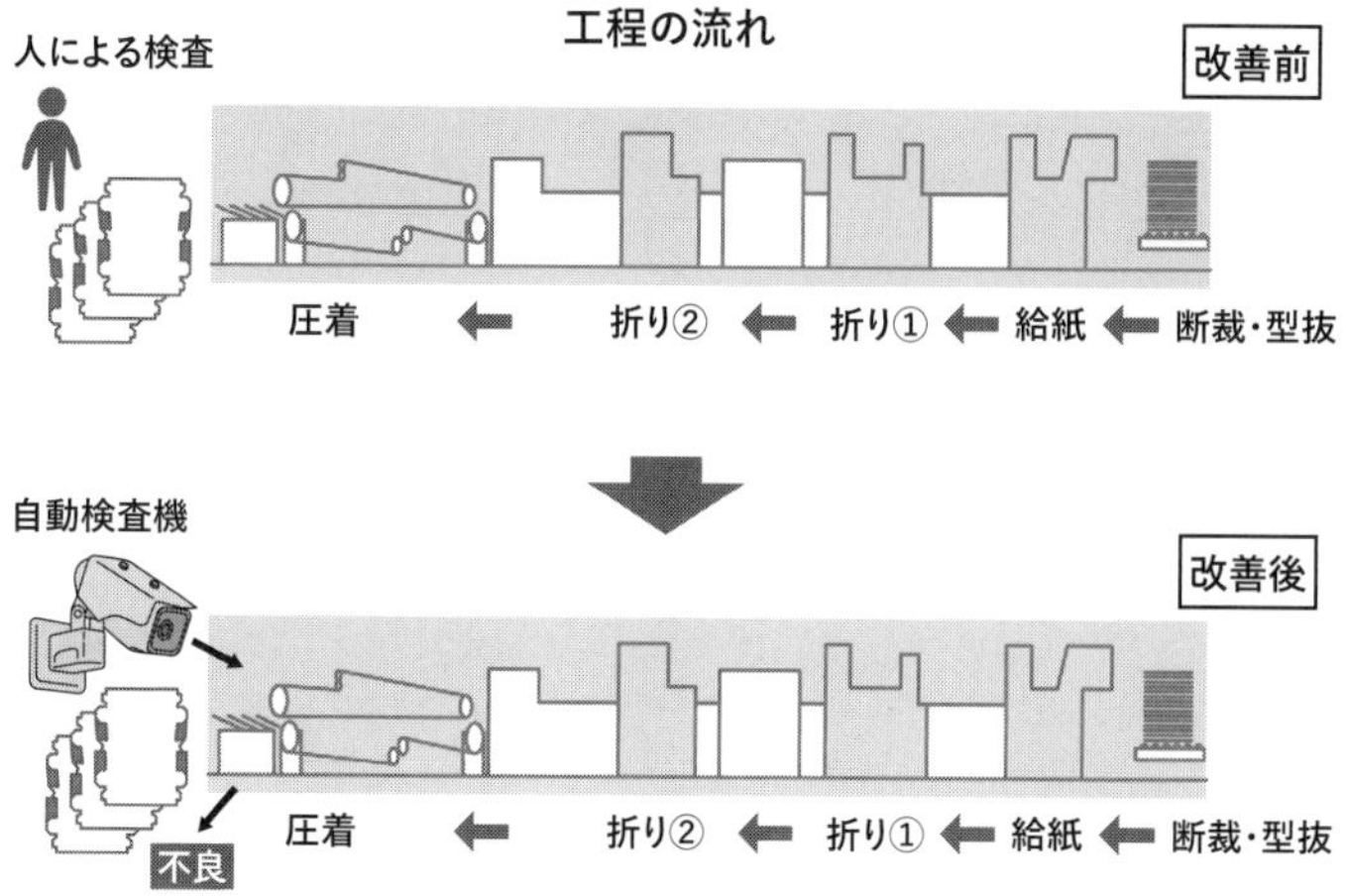

製造工程の流れとしては、まず、原紙を断裁・型抜後、サックマシン（紙器を製造する機械）にかけて、折りぐせ、本折り、圧着工程を経て、出荷前の検査を行います。検査工程で、折りや圧着の不良を人手でチェックしますが、人手によるチェックに時間がかかるため、検査待ちの仕掛品が滞留していました。

②制約の無駄をなくし、徹底的に最大活用する

制約工程は貴重なため、検査工程を休止させないためのさまざまな工夫を行います。

事例企業においては、検査担当者が急な休みの場合でも対応できるように、検査担

当者を多能工化したり、休み時間でも交代で検査業務を続けるなど、貴重な検査業務を止めないためのさまざまな工夫を実施します。

③制約以外のプロセスを制約に従属させる

「従属させる」とは、「歩調を合わせる」とか「同期化する」という意味です。

検査工程の能力を意識せずに前工程が作業をすると、仕掛品がどんどん積み上がってしまいます。

よって、制約工程である検査工程の処理能力に合わせて、サックマシンの速度を遅めて、検査待ちの仕掛品を最少化します。

また、前工程である断裁・型抜工程についても、後工程に合わせて必要な分だけ投入することで、無駄をなくします。

これによって、全体の仕掛品を最少化し、かつ、前工程に余力が生まれます。

④制約を強化する

補助金を活用して、自動検査装置を導入しました。

これによって、不具合品を自動的にはじき、従来の人間による作業の倍のスピードで検査を行うことが可能となりました。

そのため、サックマシンの速度を速めることが可能となり、時間当たりに製造できる紙器の数が約五〇％アップしました。

⑤制約が解消したら、このプロセスを繰り返す

制約工程を改善すると、他の工程に制約が移ります。

このプロセスを繰り返すことで、プロセス全体が最適化されます。

制約を強化するためには投資が必要になりますが、会社全体で投資の優先順位があるため、制約工程と言っても、すぐに投資が可能となるわけではありません。

よって、貴重な制約条件を無駄なく最大限に活用するため、そして余力（お金と時間）を生むために、前述の②と③のステップを踏むことが非常に重要になります。

余力がないと新たな取り組みができません。

沈みゆく船においては、穴をふさぐこと以外に、各船員が自分の持ち場で一生懸命作業をしても意味がありません。

このように、制約条件に着目しない作業は意味がなく、全体効率を妨げる危険性があります。

また、制約は、先ほどの事例のような物理的な制約ばかりとは限りません。

企業においては、「方針」が制約となる場合の方が多いと言えます。

もし、先ほどの事例で、断裁・型抜の班長が、自分たちの能力をフルに発揮して、最大限の生産目標を設定し、その方針に従ってフル生産したら、仕掛品の山ができるでしょう。

このように、各部門の「方針」が制約となって、全体最適を阻害している例は枚挙にいとまがありません。

部分最適の総和が全体最適にはなりませんので、まずは、プロセスにおける制約条件を特定することが、業務プロセスの改善における最優先事項です。

4 ボトルネックの改善に補助金を活用する

業務改善やボトルネック改善のために設備投資を行う場合は、補助金の活用が有効です。

補助金は経済産業省や地方自治体などが管轄するもので、主に設備投資が対象です。事業計画を策定して申請し、審査を経て採択されます。その後、自己資金や借入によって対象事業を実施し、後払いで補助金が支給されます。

補助金は融資ではないので返済の必要がなく、営業外収入となりますので、利益面でプラスとなります。

一方、助成金は厚生労働省の管轄で、採用や教育など人事労務系が対象です。補助金と違って採択形式ではなく、申請の要件を満たしていれば基本的に支給されます。注意点としては、補助金や助成金の支給を受けることを目的として会社の方針やルールを変更することは、本末転倒なので避けましょう。

例えば、助成金をもらうために、六五歳以上へと定年延長を行い、その結果、若い人が採用しづらくなり、若返りが進まないというようなことが起きては意味がありません。

補助金も同様です。あくまでも生産性向上や、顧客への価値向上のための設備投資を行う際に、設備投資のタイミングや補助金の趣旨が合致するのであれば、資金調達の選択肢として検討しましょう。

あくまでも自社の課題解決に合った補助金や助成金を選ぶことが重要です。

5 時間当たり限界利益を管理する

スピードを意識した経営をするには、限界利益に時間の概念を取り入れることが有効です。図16をご覧ください。

上の表は、四つの製品の限界利益、限界利益率、作業時間、時間当たり生産数（一時間に何個作れるか）、時間当たり限界利益を示しています。

下の図は「利益率」と「生産性」による製品分類を示しており、四つの製品を利益率（儲かりやすさ）と生産性（作りやすさ）で分類しています。

①利益貢献製品

利益率、生産性ともに高い製品で、営業に注力して更なる売上向上を目指す。上の表ではDが該当。

図16

商品	売上			変動費 ③	限界利益 ④(②−③)	限界 利益率 （儲けの程度）	作業 時間 ⑤	時間当り 生産数 (①/⑤) （作りやすさの程度）	時間当り 限界利益 (④/⑤)
	数量①	単価	金額②						
A	100	35	3,500	1,800	1,700	49%	150	0.7	11.3
B	150	30	4,500	2,250	2,250	50%	90	1.7	25.0
C	200	40	8,000	2,000	6,000	75%	230	0.9	26.1
D	300	35	10,500	2,600	7,900	75%	150	2.0	52.7

「利益率」と「生産性」による製品分類

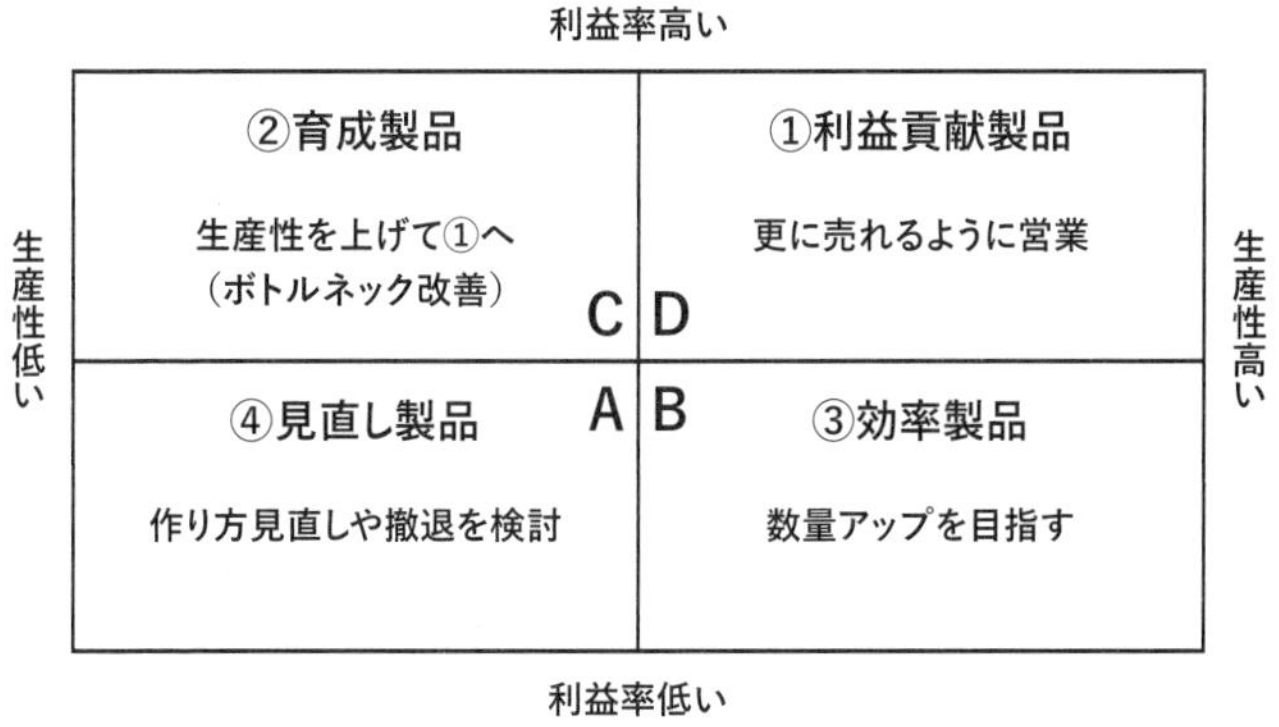

②育成製品

利益率は高いが、生産性が低いので、ボトルネックを改善して生産性を向上させ、利益貢献製品へ育成することを目指す。上の表ではCが該当。

③効率製品

利益率は低いが、生産性は高いので、数量アップを図り、数で利益を稼ぐ。上の表ではBが該当。

④見直し製品

利益率、生産性ともに低いので、生産方法の見直しや、他製品との兼ね合いによっては撤退も検討する。上の表ではAが該当。

「利益率」と「生産性」による製品分類を、顧客別に分析してみることも効果的です。拡販余地（86ページ参照）が大きな顧客については、利益貢献製品を優先して提案することで、利益の拡大が見込めます。

限界利益が高い製品を、受注から販売までスピーディーに回すことができれば、利益に大きく貢献するのは製造業だけではありません。

サービス業においても、それぞれのサービスの限界利益率とサービス提供プロセスの生産性の視点で、同様の分析をすることで、時間当たり利益の意識を高めることが期待できます。

逆張り戦略

この章では、利益を稼ぎ出すため、単価アップ、数量アップ、変動費率ダウン、固定費ダウンの四つの戦略と、スピードアップによる利益増の考え方を見てきました。

最後に、四つの戦略の「逆張り戦略」を考えてみたいと思います。

あえて業界の常識外の戦略を取ることで、競合との差別化を図ることを「逆張り戦略」

と言います。もちろんリスクはありますが、同業他社と異なる戦略を採用することで、他社が得られないメリットを狙うものです。

どんな戦略にもメリットとデメリットがあり、通常は両方を天秤にかけ、メリットが大きく、かつデメリットが許容できる選択肢を選びます。

「逆張り戦略」は、他社がデメリットを許容できないとして捨てた選択肢を、独自の取り組みでリスクを減らし、他社が得られないメリットを得ようという発想です。

例えば、63ページの単価アップの事例で取り上げた「でんかのヤマグチ」は、一年を通して冷蔵庫が最も売れない時期である冬場に、あえて、冷蔵庫の販促キャンペーンを行います。なぜ同業他社がやらないことをやるのでしょうか。

それは、冷蔵庫が売れない時期だからこそ、在庫を圧縮したいメーカーの協力を得やすくなり、通常時期よりも安く仕入れることが可能になるからです。

冷蔵庫が売れない時期にあえてキャンペーンを仕掛けるという逆張りの発想で、冬場に、普段の月の数倍の冷蔵庫を販売しています。

これは、他社が在庫を減らす時期に、逆の発想で、あえて在庫を増やすという事例です。

利益拡大の四つの方策について、それぞれの「逆張り戦略」を見ていきましょう。

1 固定費アップの事例

102ページの「アウトソーシングを活用する」で紹介した、動画制作のヒューマンセントリックス（HCX）も「逆張り戦略」を採用しています。

動画制作業界は、元請けが案件を受注し、外部のカメラマンや編集クリエーターへ制作を外注する変動費型のビジネス形態です。

それに対し、同社は営業、カメラマン、編集スタッフをすべて社員として抱え、固定費型の運営をしています。案件の都度、制作を外注するとノウハウが蓄積されませんが、同社は営業から制作まで、社内一貫制作体制で内製化することで品質を高め、ほぼ競合なしで受注を実現しています。

競合と同じことをしていては差別化できません。

このように、利益獲得に直接貢献するコア業務は、固定費として内製化して競争力を高め、利益獲得に直接関わらないノンコア業務については、アウトソーシングを活用するという同社の経営手法は参考に値します。

2 変動費率アップの事例

大衆居酒屋並みの価格で高級レストランの食事を楽しむことができる、銀座の「俺のイタリアン」「俺のフレンチ」はすっかり有名になりました。

通常の高級レストランでは、回転率はせいぜいランチ一回転、ディナーも一回転ですが、同店は夜の営業だけで三・五回転です。

客単価は、一般的な高級店の一万五〇〇〇円前後に対して同店は四〇〇〇円ぐらいです。食材の原価率については、外食産業の平均は三〇%前後なのに対して、同店は約六〇%超という高い原価率です。

同店は、高原価率によって採算を度外視したメニューを開発し、集客を図ることで回転率を上げ、結果として利益を確保するという戦略を採用しています。

回転率は大きな要素ですが、それだけで利益を上げているわけではありません。

一部のメニューの原価率を上げることで、お得感を出して集客の目玉とします。

そのメニューの原価率は高くても、一品しか注文しないというお客様はまれなので、ワインなど比較的原価率の低いメニューとの組み合わせでバランスを取ることで、トータルで利益を確保しています。

変動費を上げることで質を上げ、それによって顧客満足度を高めて差別化し、客回転と商品ミックスによって利益を上げる戦略です。

3 数量ダウンの事例

数量を限定することで、希少性を打ち出して、差別化に成功している企業があります。

京都市の「佰食屋《ひゃくしょくや》」は、新鮮で上質な国産牛のステーキ丼が評判となって大変繁盛しています。

しかし、どんなにお客様が集まっても、一日に提供するのは一〇〇食のみです。

「社員が働きやすい会社」と「会社として成り立つ経営」の両立を模索していた社長の中村朱美さんが、試行錯誤の末に生み出した業態です。

一〇〇食限定という「制約」が多くのメリットを生んでいます。

まず、社員の残業はゼロです。営業時間は一一時から最長でも一六時までなので、全員一七時台には帰れます。長時間労働が常態化している飲食店経営においては画期的です。以前、百貨店のレストランで働いていた社員は、年収はほぼ変わらないにもかかわらず、労働時間が一日五時間も短くなったという例もあります。

また、一〇〇食限定で、かつ、事前に対面で整理券を配布するため、予約のキャンセルはほとんど発生せず、飲食業界で問題になっているフードロスはほぼゼロです。

更に、売上至上主義とは真逆の働き方によって、高い社員満足度を実現しています。

この事例は「制約」を逆手に取って「限定」とすることで、希少性を打ち出し、無駄なコストを抑えて成功しています。

「限定」は数量以外にも、地域限定、期間限定、季節限定、高齢者限定、女性限定などさまざまあるため、応用が可能です。

「制約」があったとしても、逆に「限定」として活用できないか、検討してみる余地があるでしょう。

4 単価ダウンの事例

値引きが利益にもたらすインパクトの大きさについては、45ページで説明した通りです。しかし、そもそも売れなければ限界利益は稼げないので、値引きという選択肢を取るべき局面もあります。

既存製品の売れ行きが思わしくない場合に、競合製品よりも価格が高く、価格以外の要素での差別化が難しいのであれば、価格を下げて販売量を増やす戦略を検討すべきです。

しかし、値引きをする場合でも、「限界利益は死守する」「数量を増やすための戦略を描き実行する」「価格のみの競争にならないよう提案力などを磨く」といったことなどに注意しましょう。

これが難しい場合は、値引き以外の戦略を検討すべきです。

第三章

顧客提供価値を高めて、「ニッチトップ」を目指す

顧客に選ばれるために有効な「絞り込み」

1 経営は「顧客に選ばれるための仕組み作り」

第二章で、利益を増やすためのさまざまな打ち手を見てきました。

このような打ち手の有効性を高めるためにも、自社の商品・サービスの価値を認めてくれる優良顧客との関係を深めたいものです。

この章ではその点について考えていきます。

ドラッカーは企業の目的を「顧客を創造すること」と定義しました。

「顧客を創造する」ということは、「顧客から選ばれる」ということと同じ意味です。

なぜならば、取引先を選ぶ権利は、例外的な独占市場を除いて、基本的に一〇〇%顧客側にあるからです。

そして、「顧客を創造する＝顧客に選ばれる」ための仕組みを作ることが、経営の要諦

図1

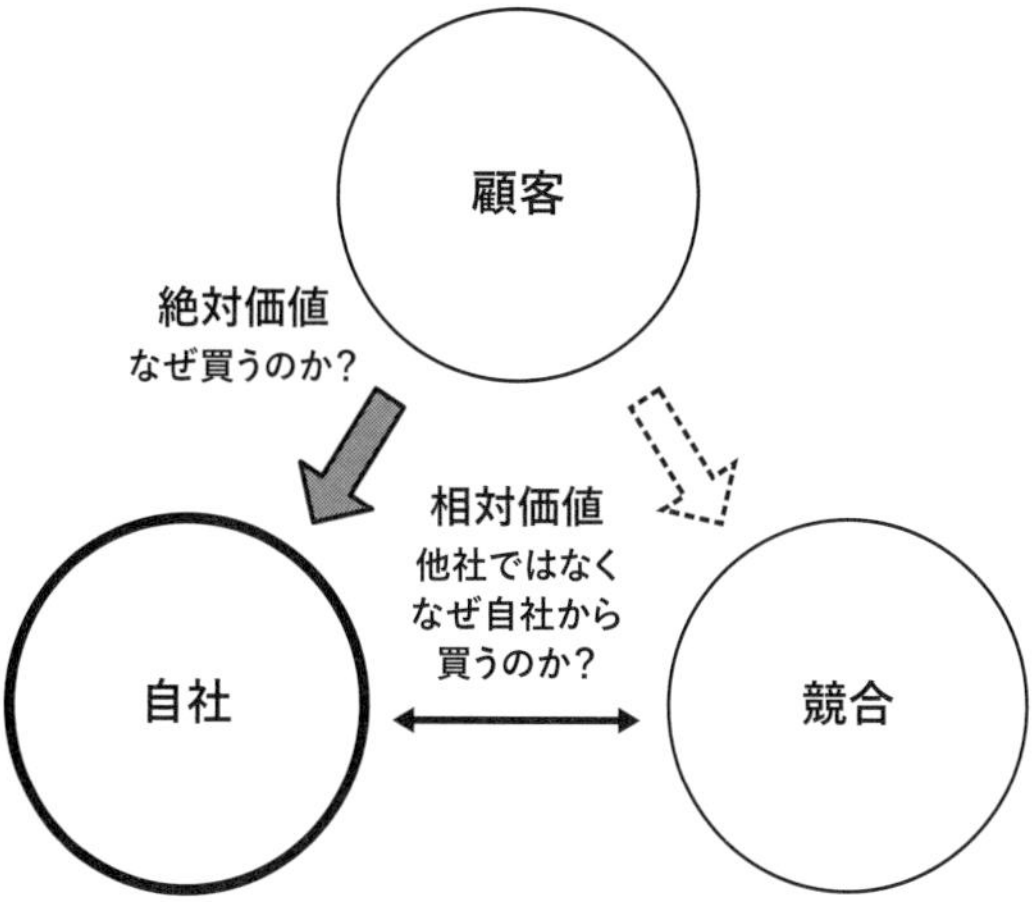

と言えるでしょう。

顧客に選ばれるためには、何をしなければならないのでしょうか？

図1をご覧ください。「絶対価値」と「相対価値」という言葉は、79ページのホームページによる集客のところで出てきましたが、改めて説明します。

絶対価値‥顧客が商品やサービスを購入する本質的な価値

相対価値‥顧客が他社商品ではなく自社商品を選択する価値

顧客は「絶対価値」を感じないと、自社商品であれ他社商品であれ、そもそも商品を購入しませんので、「絶対価値」を訴求することは重要です。

しかし、「絶対価値」を訴求するだけでは、顧客が自社商品を選んでくれるとは限りません。

自社商品を選んでもらうためには、他社商品ではなく、なぜ自社商品なのかという「相対価値」の提供が必須です。

例えば、税理士サービスの「絶対価値」は、顧問契約などで会計や税務に関する相談に対応することです。

それに対し、私の知り合いの税理士は、学習塾専門の税理士として学習塾業界に精通し、業界特有の節税方法の助言や学習塾経営のコンサルティングを「相対価値」として提供し、一般的な税理士と差別化しています。

自社の「相対価値」を伝え、その価値を認めてもらった上で取引をする顧客とは、よい関係性が構築できます。改めて、自社の主力商品・サービスに関する「絶対価値」と「相対価値」について考えてみることが重要です。

2 選ばれるために「絞り込む」

顧客に選ばれるための仕組み作りについて、「絞り込み」の視点で解説します。繰り返しになりますが、持続的に成長するための事業展開は、大きく分けて二つあります。

①大きな市場に対して安価に大量生産・大量販売していく事業展開。
②絞り込んだ市場に対して付加価値の高い商品・サービスを提供していく事業展開。

中小企業は、後者の事業展開の中で、絞り込んだ市場に対して、「絶対価値」と「相対価値」をしっかり伝えて、顧客から選ばれなければなりません。

この二つの事業展開を端的に説明しているのが「ランチェスター法則」です。

②の事業展開は、「部分的な競争」で作用する次の「ランチェスター第一法則」が該当

します。

経営の競争力＝経営資源の質×経営資源の量

一方、①の事業展開は、「総合的な競争」で作用する次の「ランチェスター第二法則」が該当します。

経営の競争力＝経営資源の質×経営資源の量の二乗

「経営資源の質」とは、商品力、技術力、ブランド力、人材や営業などの質を指します。

一方、「経営資源の量」は、資本力、製造能力、営業拠点の数、営業活動などの量を指します。

二つの法則の違いは、第二法則の場合は経営資源の量が二乗に作用するということです。

なぜ二乗になるのかは、のちほど説明します。

中小企業が①の事業展開をすべきでないことは、ランチェスター法則によって説明することができます。

総合的な戦い方をすると、経営資源の量が二乗に作用するため、競合企業に比べて経営資源の量が乏しい企業は圧倒的に不利になるためです。

しかし、部分的競争の②に活路を見出せば、経営資源の量に乏しい企業でも勝機はあります。

3 絞り込みで成功した事例（ガトーショコラ専門店）

部分的競争とは、「勝負する領域を絞り込んだ競争」です。

スイーツ業界を例に取り上げます。コンビニスイーツは年々充実して人気が高まっています。しかし、二〇一八年の国内スイーツ市場は約一兆四〇〇〇億円で、対前年で微減です。コンビニスイーツの売上は拡大していますが、ケーキ専門店の売上が縮小しているためです。

コンビニスイーツの売上が好調な理由はいくつかあります。

ケーキ専門店では、一つだけ買うのは何となく気が引けるものですが、コンビニなら一つの購入でも気になりませんし、深夜遅くでも買えます。何よりも品質が年々向上しておいしくなっており、種類も非常に豊富で、価格も一五〇円から三〇〇円程度とお手頃です。

コンビニスイーツのビジネスモデルは、まさにランチェスター第二法則の戦い方です。全国の指定工場で、複数ラインナップの製品を大量に生産し、広域のコンビニチェーン全体で販売します。

コンビニとケーキ専門店では量的経営資源が象と蟻ほど違いますので、ケーキ専門店が、コンビニスイーツと同じ価格帯でさまざまなケーキを揃えることは困難ですし、やっても利益が出ません。

しかし、コンビニスイーツの人気にまったく影響を受けず、付加価値の高いスイーツを提供して、顧客の支持を集めている専門店があります。

東京都新宿区に「ケンズカフェ東京」というガトーショコラの専門店があります。

当初はイタリアンレストランとして経営していましたが、集客に苦戦し、コース料理のデザートとして評判がよかった「ガトーショコラ」の専門店に業態転換しました。

提供するのはガトーショコラ一品のみで、一本二五〇グラムという小ぶりな大きさにもかかわらず、価格は三〇〇〇円です。最高級のチョコレート素材を使って、味の奥深さ、香り、コクが段違いと大変評判になっています。

販売当初は、現在の二倍の大きさで価格は半額でしたので、当時からすると四倍の値上げをしたことになります。

しかし、三〇〇〇円としたことで、自家用だけでなく贈答用の需要も加わり、結果的には値上げ後の方が爆発的に売れています。

また、以前はネット販売で地方にも販売していましたが、少人数の運営で手間がかかるため、また仕事の質を下げないために、売上減少を覚悟の上でネット販売を思い切ってやめたところ、驚くことに売上が更に増えました。

「店に行かないと買えないという限定感」がブランド価値を高めたわけです。この事例は、部分的競争に活路を見出すランチェスター第一法則の戦いです。

この事例は、品質が極めて素晴らしいことが最大要因ですが、価格を上げて売上が増え、商圏を狭めて売上が増えたという事例です。

ここまでの尖った取り組みは難しいかもしれませんが、商品を絞り込んで品質を高める、商圏を絞り込んでブランディングするなど、絞り込みによって提供価値を高め、顧客から選ばれていることは参考にすべき点です。

4 小が大に勝つ「ランチェスター戦略」とは

中小企業が、部分的競争で勝機を見出すには、ランチェスター戦略が参考になります。ランチェスター戦略は、故田岡信夫氏が体系化した成熟市場における競争戦略です。一九七〇年代前半に第一次オイルショックが起こって、高度経済成長から不況になった際、コンサルタントの田岡氏は、企業の勝ち残り戦略としてランチェスター戦略を提唱しました。

発表後、ランチェスター戦略は、トヨタ自動車や松下電器（現パナソニック）など多くの大企業や、ソフトバンクやＨＩＳなど当時のベンチャー企業に数多く採用されました。ソフトバンクの孫正義社長は若いときに病気療養していた際、膨大な数の本を読みましたが、一番参考になったのは、孫子の兵法とランチェスター戦略であると公言しています。

図2

ランチェスター第一法則	ランチェスター第二法則
局地戦、一騎討ち戦、接近戦で当てはまる戦闘力の法則	広域戦、確率戦、遠隔戦で当てはまる戦闘力の法則
戦闘力 = 武器性能（質）× 兵力数（量）	戦闘力 = 武器性能（質）× 兵力数（量）^{2}

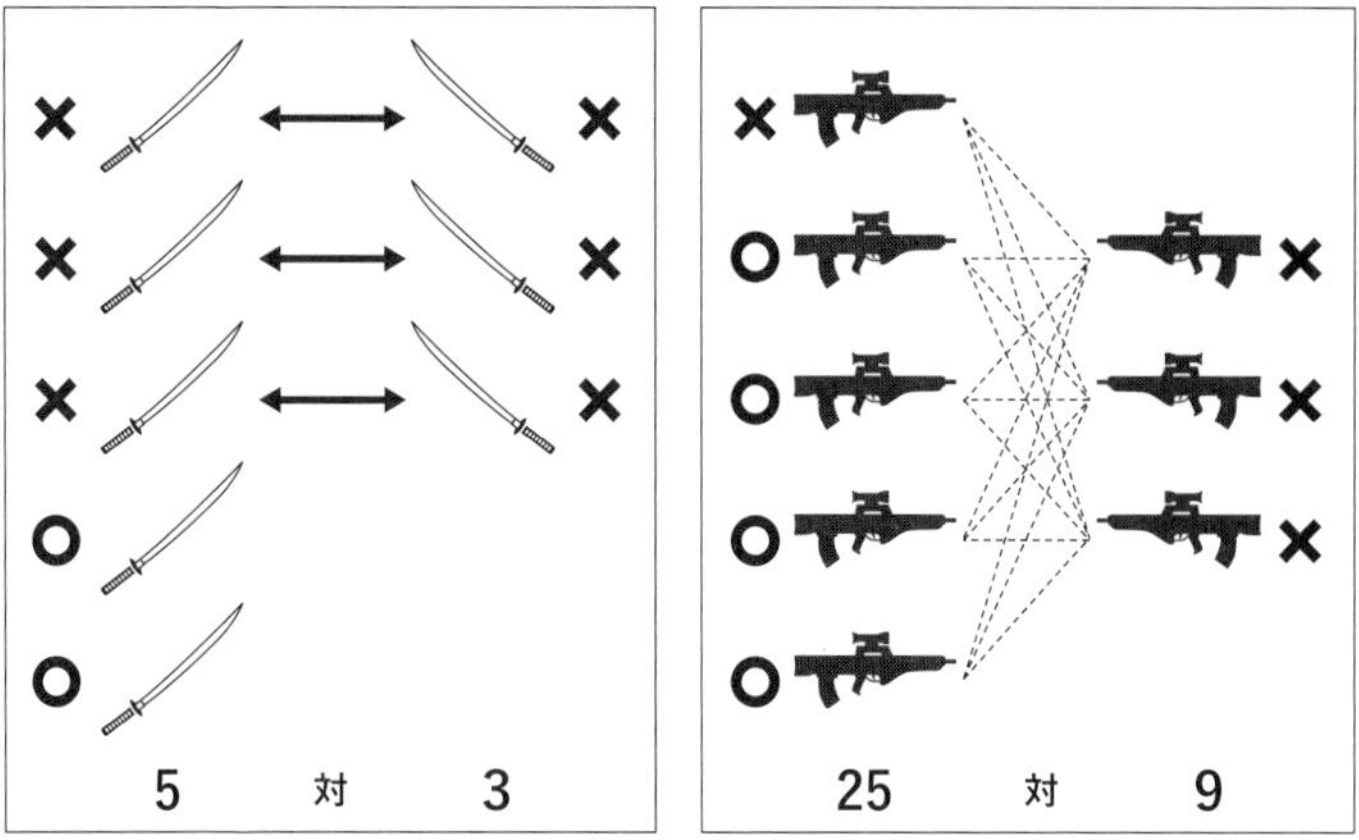

2名残存	4名残存（$\sqrt{16}$）

わかりやすい理論と数多くの実績から、ランチェスター戦略は「競争戦略のバイブル」「小が大に勝つ法則」と言われ、業種や企業規模に関係なく、今日まで幅広く採用されています。

ランチェスター戦略は日本人の田岡氏が考案した競争戦略ですが、ランチェスターという名前がついているのは、イギリス人の航空工学研究者F・W・ランチェスターが第一次世界大戦の時期に提唱した戦闘の法則である「ランチェスター法則」がもとになっているためです。
ランチェスター法則は、134ページの説明の通り、戦い方によって二つの法則がありま す(図2参照)。

〈ランチェスター第一法則〉

日本の戦国時代のように、刀や槍などの原始的な武器で、狭い範囲で敵と接近して戦う場合に適用されるのが第一法則です。
局地戦、接近戦、一騎討ち戦で、「戦闘力=武器性能×兵力数」で表されます。
敵に勝つには、敵を上回る武器性能か兵力数を手にすればよいというもので、「武器性能」は武器の性能や兵士の腕前、つまり戦闘の質です。「兵力数」は兵士の数で、戦闘の量です。

〈ランチェスター第二法則〉

ランチェスター第二法則は、同時に複数の敵を攻撃できる機関銃などの確率兵器を使って、広域において、敵と離れて戦う近代の戦争において適用されます。

広域戦、遠隔戦、確率戦で、「戦闘力＝武器性能×兵力数の二乗」で表されます。

第一法則との違いは、兵力数が二乗となる点です。

機関銃のような確率兵器は、相乗効果を発揮するため、兵力数が二乗に作用します。

例を挙げてその理由を説明します。


図2は五対三の場合でしたが、わかりやすいように一〇対五の場合で説明します。

一〇人と五人が、お互いに同じ性能の銃で相手陣を狙った場合、一回目の同時射撃で一〇人の方は一〇発の弾丸を発射し、五人の方は五発の弾丸を発射します。

すると一〇人の方は、相手の弾丸を五発受け、五人の方は一〇発の弾丸を受けます。

・一〇人に対して五発の弾丸が襲う　↓　一人の兵士に当たる確率は二分の一
・五人に対して一〇発の弾丸が襲う　↓　一人の兵士に当たる確率は二倍

つまり、集団が、確率兵器を使ってお互いに撃ち合う戦場では、二倍の兵力差があると、実際にはその二乗の四倍の戦力差になります。

三倍の兵力差があれば九倍、五倍の兵力差があれば何と二五倍になってしまうのです。

よって、兵力数が多い方が圧倒的に有利となり、兵力が少ない劣勢軍は第二法則が適用される戦いにおいては、勝つことは極めて困難になります。


それでは、劣勢軍は優勢軍に勝ち目はないのでしょうか。

確かに、第二法則下ではほとんど勝ち目はありません。

しかし、第一法則下で、兵力数以上に武器性能を高めるか、あるいは局地戦に持ち込み、そこに兵力を集中させて、その局地の兵力数で敵を上回ることができれば勝ち目がありま
す。

いわゆる「局所優勢」の状況を作るということで、戦う場所を絞り込む必要があります。

織田信長が今川義元を破った「桶狭間の戦い」をイメージすればわかりやすいでしょう。


小（劣勢軍）が大（優勢軍）に勝つには、次のような戦い方が必要です。

・第一法則の下、局地戦、接近戦、一騎討ち戦で挑む。
ビジネスに当てはめると、「地域を限定する」「顧客にダイレクトにアプローチする」「ターゲットを絞り込む」というようなことを意味します。

・兵力数以上に、武器性能を高める。
ビジネスに当てはめると、「商品やサービスの差別化を図る」ことを意味します。

・兵力を局地に集中し、局所優勢で戦う。
ビジネスに当てはめると、「経営資源の分散を避けて、勝てそうな商品・地域・顧客層に経営資源を集中させる」というようなことを意味します。

田岡氏は戦闘の法則であるランチェスター法則を、経営戦略であるランチェスター戦略に転換しました。
特定の商品・地域・顧客層といった部分的な競争では第一法則、総合的な競争では第二法則が適用されます。量的経営資源が自社よりも勝る会社に対して、第二法則が適用される戦いを挑めば、勝ち目は薄くなります。

例えば、かつて日産自動車が苦境に陥ったのは、量的経営資源に勝るトヨタ自動車に対して、車種のラインナップの面でも、販売チャネルの面でも、総合的にトヨタ自動車に対抗しようとしたことが大きな要因です。

5 「弱者の戦略」と「強者の戦略」

ランチェスター戦略では、市場シェア一位の企業を「強者」、二位以下のすべての企業を「弱者」と定義付けています。よって、世の中の多くの企業は「弱者」ということになります。

弱者という言葉の響きがよくないためか、自社を弱者と位置付けることに抵抗感を抱く方も多いようですが、あくまでもランチェスター戦略上のことです。

強者と弱者と言うと、大手企業と中小企業をイメージされる方もいますが、経営規模の大小は関係ありません。

図3

弱者の5大戦法

局地戦	ニッチ市場を狙い、地域・顧客・市場を絞る
接近戦	最終顧客に接近し、顧客ニーズの把握や関係強化を図る
一騎討ち戦	資源を集中し、競合の少ない市場や顧客を狙う
一点集中主義	事業の集中化・専業化を図り、競合の弱点を重点的に攻める
陽動戦	強者のやりたくないこと、できないことをやる(ゲリラ戦)

強者の5大戦法

広域戦	地域や事業領域を限定せず拡大していく
遠隔戦	間接販売の活用や、広告などによって指名買いを促進する
確率戦	製品のフルライン化や販売チャネルの重複化など、多少の共食いは覚悟して弱者のつけいる隙をなくす
総合主義	事業の総合化・多角化と物量戦(広告、販売チャネル、営業)
誘導戦	自社の有利な土俵に誘導する(低価格競争など)

大手企業でも、その市場で二位以下であれば、ランチェスター戦略的には弱者です。

また、強者と弱者は、商品・地域・顧客層といった競争局面ごとに判断します。

例えば、商品で言えば、サントリーはウイスキーでは強者ですが、ビールでは弱者です。

地域で言えば、国内全体のコンビニの強者はセブン－イレブンですが、北海道のコンビニの強者はセイコーマートです。

このように競争局面によって、強者と弱者は入れ替わります。

ランチェスター戦略のまとめをします。

弱者は第一法則の戦い方を採用すべきで

す。「営業力＝武器性能×兵力数」となりますので、弱者の基本戦略は武器性能を高めること、すなわち「差別化戦略」です。

基本戦略の「差別化戦略」に加えて、弱者は図3のような五大戦法を駆使することで勝機が高まります。

一方、強者は第二法則の下で、総合的・広域的な戦いを行うことで圧勝が期待できます。強者の基本戦略は「ミート戦略」です。

ミート戦略とは、弱者が行う差別化戦略をミート（＝同質化）して差別化を封じ込めることです。更に、強者の五大戦法によって、経営資源を活かした戦略が展開できます。

6 「商品の絞り込み」の考え方と事例

勝負する領域を絞り込み、部分的競争に活路を見出して成功している事例を紹介します。

顧客から選ばれる存在になるためには、何と言っても、自社の商品やサービスに磨きをかけて、競合と差別化を図ることが欠かせません。

資源を分散投入していては、すべて中途半端になるため、どこにも勝てなくなります。資源を集中投入するということは、その分だけ他には投資できなくなるということであり、投資できない領域では、当然自社は弱くなります。

しかし、それを覚悟しないと、競合に対して資源的に優位になる領域がどこにもなくなってしまい、どこにも勝てなくなります。

ガトーショコラの事例は、経営資源を一つの商品に集中させ、品質を高めました。このように、商品を絞り込むことで顧客の支持を集め、高い収益性を実現している事例を紹介します。

埼玉県川口市のコミー株式会社は、「気くばりミラー」と呼ばれる特殊ミラーの市場で圧倒的なシェアを誇ります。

「気くばりミラー」とは、コミーが考案したネーミングで、平面でも凸面鏡のように広い視野を映し出す特殊なミラーです。オフィスや工場などでの衝突防止用など、用途は多岐にわたります。

特筆すべきは、航空機向けの、今までになかったミラーの活用提案です（図4参照）。従来は、客室乗務員が座席のステップに足をかけ、忘れ物がないか頭上の手荷物入れを覗き込んでいました。この作業は手間がかかり、体にも負担がかかります。しかし、「気くばりミラー」の採用で手荷物忘れをチェックする作業の効率が大幅に向上し、体への負担も軽減しました。

図4

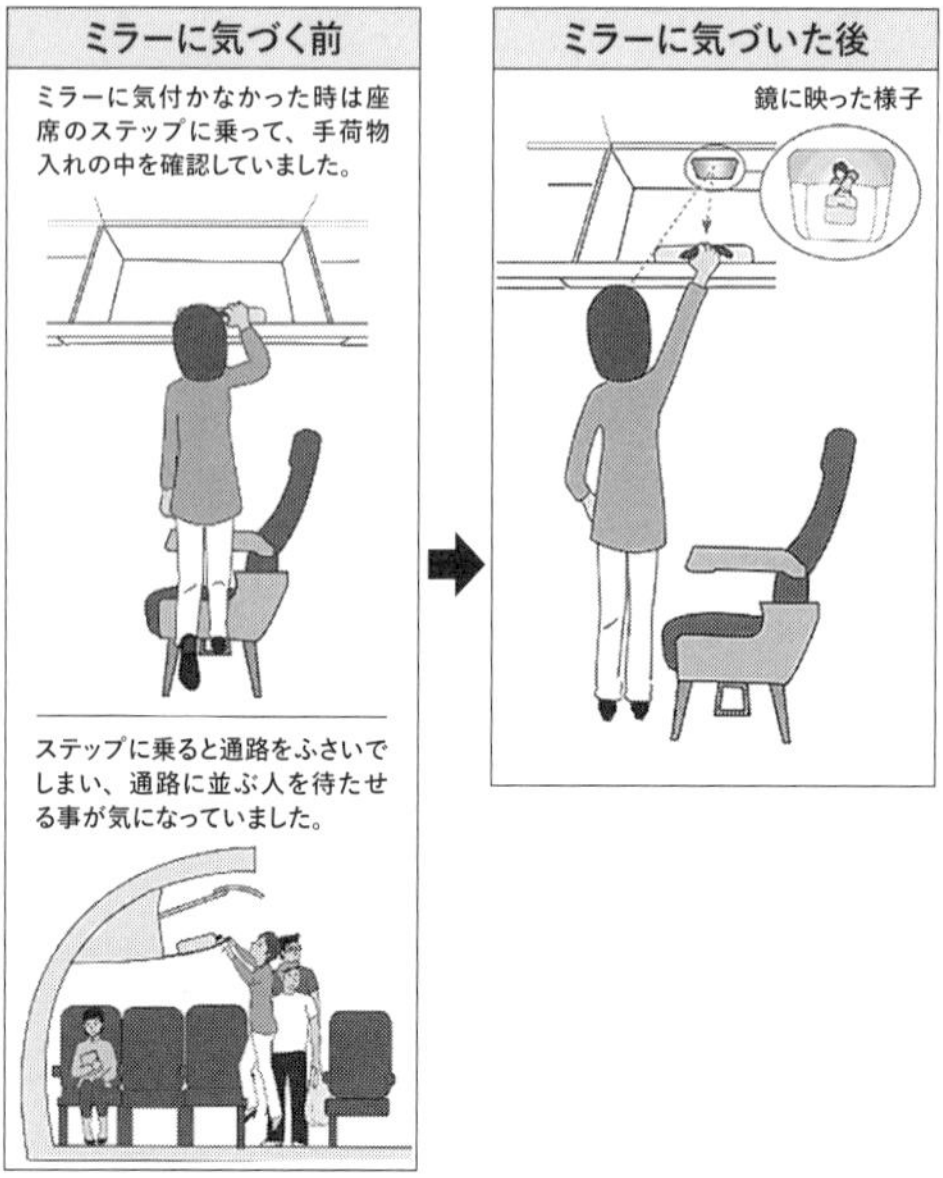
ミラーに気づく前
ミラーに気付かなかった時は座席のステップに乗って、手荷物入れの中を確認していました。
ステップに乗ると通路をふさいでしまい、通路に並ぶ人を待たせる事が気になっていました。
ミラーに気づいた後
鏡に映った様子

現在では、国内を含む世界のエアライン一〇〇社以上で採用されており、シェアはほぼ一〇〇%です。日本の無名の中小企業でも、分野を絞れば世界シェア一位になれるのです。

品質も、累積出荷枚数五〇万枚を超えますが、クレームゼロを更新中です。

自動車用ミラーなどの産業用ミラー業界全体ではコミーは弱者ですが、「気くばりミラー」という部分的競争市場を自ら創造して成功しました。

同社の事例は第五章に掲載しています。


もう一つ事例を紹介します。

大阪府豊中市に本社を置く二〇〇七年設立のベンチャー企業の株式会社鯖やは、「サバの総合商社」を目指し、商品開発から製造・卸・販売・飲食店経営までを一貫して行っています。

社長の右田孝宣さんは、サバ料理専門店の「SABAR」を二〇店舗運営したり、世界初のサバの完全養殖事業や海外進出など、サバに絞り込んで事業展開をしています。

サバ料理に限定するメリットとしては、食材の種類が少なくなるため在庫管理が容易となり、廃棄ロスが極めて少ない点があります。結果として、業界水準を大きく上回る利益率を上げています。

また、サバに特化していることが注目され、設立後一〇年間で、一五〇〇回以上メディアで紹介されたり、クラウドファンディングで事業立ち上げに成功するなど、あまりコストをかけずに知名度を上げています。

共同製品開発などで、大手企業との提携が相次いでいるのも、サバに関する知見や調理技術が評価されたためです。

このように事業を絞り込んで専門性を高めると、支援者が増えて、ビジネスの拡大が期待できます。

鯖やの目指す姿は、養殖から飲食店経営までを一貫して行う漁業のSPA（製造小売業）です。

従来、サバは繊細なため、養殖が難しいとされていました。

漁師は、勘と経験に基づいて、その都度水温を測りながら餌やりを行っており、非常に手間がかかる上に餌の無駄も発生し、非効率的でした。

その課題に対して右田社長は、自治体やITベンダーと連携して、水温、塩分、酸素濃度などを自動測定するセンサーを「いけす」に設置、タブレットでサバの成育環境をいつでも把握できる仕組みを構築しました。

また、餌やりの記録もタブレットを通じてクラウド上で管理できるようにするなど、非効率的な点をIT活用によって改善しています。

同社の事例は、サバに絞り込むことで、知見、ノウハウ、知名度を高め、その専門性を評価する企業や自治体と連携して、事業の拡張に成功した事例です。

商品を絞り込む上で注意したいことは、まず自社の強みをしっかりと把握することです。ガトーショコラの例では、イタリアンレストランの経営においては集客で苦戦して撤退しましたが、デザートとしては非常に評判がよかったため、ガトーショコラに特化しました。

いったん絞り込んで資源を投入したあとに方向転換すると、お金と時間の無駄が生じますので、絞り込みの意思決定をする前に、お客様に喜ばれた経験や感謝された経験などの棚卸を行い、場合によってはテストマーケティングをするなどして、絞り込む領域をよく見極めることが重要です。

7 「顧客層の絞り込み」の考え方と事例

電気や水道のようなインフラ事業を別にすると、どんな事業においても、市場のすべての顧客から必要とされて支持されるということはありません。

理由は、消費者向けの事業であれば、好みがそれぞれ違いますし、法人向けの事業であれば、ニーズや抱えている課題が違うためです。

ビジネスにおける八方美人は、誰からも好かれません。

よって、自社が選ばれたいと思っている顧客像を想定して、その顧客像に向けて商品・サービスを作り込んでいく必要があります。


第二章の単価アップの取り組みで紹介した家電販売店の「でんかのヤマグチ」は、ターゲット顧客を明確に絞り込んでいます。

モノ（家電）＋コト（生活便利サービス）を展開することで、高収益を上げていますが、ターゲット顧客は生活便利サービスを必要としている高齢者です。

ターゲットを高齢者に絞り込んでいるからこそ、高齢者の日常生活における困りごとに着目することができています。


東京の恵比寿で繁盛しているMという美容室があります。

恵比寿は美容室の激戦地で、駅前に数多くの美容室がひしめいています。M美容室は恵比寿駅から徒歩六分ほどの場所にありますが、この立地条件は、アクセスのよさを重視する顧客からは敬遠されます。

しかし、すべての顧客がアクセスのよさだけで美容室を選定するわけではありません。M美容室の近くには公園があり、二階なので窓から公園の緑が目に入ります。

この美容室は、落ち着いて施術を受けたいという顧客にターゲットを絞り込んでいるため、「恵比寿の隠れ家サロン」として人気を博しています。

徒歩六分という立地のために駅前よりも賃料が安いことから、その分のコストを施術サービスの充実などに回すことができるため、サービス内容も好評です。

ターゲット顧客を絞り込むことで、駅前にひしめく競合店と差別化している例です。

妊婦や小さな子供を持つ母親に対し、生活の困りごとの中の「移動」にフォーカスして、専門サービスを提供しているタクシー会社があります。

サービスとしては、次のようなことを行っています。

・事前登録された妊婦を、病院などの指定場所に、指定時間に送迎する。

・チャイルドシートを装着して、子供を保護者の代わりに保育所へ送迎する。
・子育ての知識を学んだ運転手が、荷物の多い乳幼児連れの母親の外出をサポートする。
・夜中の急な発熱時に病院まで送迎する。

このように、妊婦や小さな子供を持つ母親の、さまざまな「移動」ニーズに対応することで、今までタクシーの利用が少なかった顧客層の利用を拡大しています。

これは、特定の顧客層の困りごとに注目してサービス化を行い、タクシー会社として新たな市場を開拓した事例です。

顧客を絞り込むことは、言い方を変えると「客筋をよくする」ことです。

これは洋の東西を問わず、ビジネスの原理原則です。

客筋が悪いと、すぐに価格の話になりがちで、関係性も継続しません。

一方、自社の提供価値を評価してくれるよい客筋の顧客と取引ができれば、お互いの信頼関係に基づいて、長い取引が期待できます。

よって、顧客の絞り込みを考える際は、自社はどのような価値を顧客に提供したいのかを明確にし、その価値を評価してくれそうな顧客層を想定する必要があります。

顧客層を想定する際、一発で絞り込みをしようとすると、対象市場が狭くなりすぎることがあります。

よって、まずは大きな市場から順番に絞り込み、この市場を対象とすると、どこと競合になりそうか、自社の強みを活かして差別化できそうかを検討してみることが重要です。

例えば、先ほどの子育て層をターゲットとしたタクシーの場合、まず、通常の乗車客と違って、タクシーを利用しづらい何らかのハンデを抱えているお客様を想定します。すると、「高齢者」「要介護者」「障がい者」「妊婦」「小さな子供を持つ母親」などが想定されます。そして、例えば、近隣に介護向けタクシーを展開している事業者がある場合は、そこと差別化できるかを検討します。

このように、市場性と競合状況の検討を重ね、ターゲット顧客を選定し、その顧客層に向けて提供する価値を磨いていきます。顧客提供価値については、のちほど説明します。

8 「地域の絞り込み」の考え方と事例

地域の絞り込みは、まさに部分的な競争を物理的に実践することです。

勝算が見込める重点地域を絞り込んで、そこに経営資源を集中させることで、販促や営業の効率がアップしますし、その地域における知名度の向上も見込めます。

また、地域密着は一番簡単な差別化策と言えます。

商品力で差別化することは、顧客ニーズの把握力や商品開発力が必要となるため、決して簡単ではありませんが、地域の絞り込みは、その地域に絞り込む根拠を明確にすることができれば、あとは意思決定の問題です。


地域を絞り込んで成功している事例として、シウマイでおなじみの崎陽軒があります。

横浜に本社を置く同社は、一日に三万個以上を売り上げる「シウマイ弁当」で有名な老舗の百年企業です。

同社の成長の背景には、徹底した地域戦略があります。

現社長の野並直文さんは就任時に、先代社長から、「全国展開を進めるか、ローカル路線に徹するか」という選択を迫られました。

野並さんは悩んだ末に地域密着を選択し、それまで徐々に広げていた全国のスーパーへのシウマイの卸から撤退をしました。

その結果、当初は、毎月数千万円単位で売上が減少しましたが、撤退後、四年目から上昇に転じ、それ以後、業績は右肩上がりを続けています。

結果として、横浜周辺でなければ買えないというご当地感が商品ブランドを高めました。今や、横浜のシウマイは大阪のたこ焼きのようなソウルフードになっています。

一企業の地域密着戦略が、地域の食文化まで変えてしまったわけです。

商圏を自社から五キロ圏内に絞り込み、下請けから脱却した外壁塗装の会社があります。

従来はほぼ一〇〇％下請けで、元請けの依頼によって、神奈川県の本社から関東一円の現場に出向いて仕事をしていました。

職人は移動だけで体に負担がかかり、拘束時間も長いため、なかなか定着しませんでした。

社長は、このままでは会社の維持が難しいと考え、下請けではなく、お客様から直接受注することを目指しました。

そして、本社の一部を店舗に改築し、ホームページを開設。本社の周辺を中心に繰り返しチラシをポスティングしました。徐々に効果が出始め、既存顧客からの紹介と、ホームページからの問い合わせで注文が増えていきました。

三年ほどで地域からの直接受注が売上の半分を占めるまでになり、下請け仕事は、遠方については撤退し、自社から近いところを中心に請け負っています。

地域密着の効果としては、移動が楽になって職人の負担が減ったこと、直接受注のために単価を自社で設定できるようになり、利益率が上向いたこと、一人のお客様から一〇件以上紹介してもらうなど紹介による営業が増えたこと、などがあります。

注意していることもあります。地域密着で営業していると、クレームの頻発などで悪評が立つと、すぐに商圏内に広まってしまいます。

もし悪評が立ったとしても、引っ越しをして他の地域に行くことなど簡単にはできません。

よって、信用第一で丁寧な施工を心がけていますが、それが新たな紹介を生んでいます。

地域を絞り込む上での注意点がいくつかあります。

ターゲット地域を決めたら、まず、細分化して重点エリアを設定します。

重点エリアを決めたら、自社の商品・サービスを販売するために有益となる属性情報の収集を徹底します。

例えば、次のような情報です。

・人口情報‥男女、年齢、年代、職業、未婚・既婚、夜間・昼間など
・世帯情報‥構成人数、居住形態、総所得、課税対象所得など
・産業情報‥商店数、小売販売額、工場数、工業出荷額、事業所数など
・その他　‥地形、気候、歴史、県民性、商習慣、消費特性、開発計画、市場体質など

情報源としては、自治体のホームページの統計情報や、地域の歴史などは図書館の郷土コーナーなどに関連書籍があります。

また、第二章で紹介したＧＩＳ（地理情報システム）を活用すれば、更に詳細な、さまざまな属性情報を得ることが可能です。

情報をもとに、重点エリアにおけるシェアが一位になるまで攻略を進めます。

大切なことは、「一点集中」で、一箇所を攻略してから次のエリアの攻略に進出します。

同時に複数のエリアに手を出すと経営資源が分散しますので、一箇所ずつ攻略を進めます。

重点エリアの選び方は、強者と弱者では異なります。

強者は市場規模が大きく、かつ成長性が高い地域を選定しますが、弱者は勝ちやすさを優先して地域を選定します。

市場性を基準にして地域を選定すると、競合がひしめいているため、弱者は他社があえて狙わない地域を狙い、そこでシェア一位を目指し、知名度を上げることが有効です。

そして、自社の地盤はしっかり押さえることです。

本社や工場の周辺など、自社の地元で勝たなければ、他社の土俵で勝てるわけがありません。

まず地元を磐石にすることを優先しましょう。

9 絞り込む上での注意点

事業領域の絞り込みは「選択と集中」であり、決して目新しい考え方ではありません。しかし、いざ実行して成果を上げるとなると、簡単ではありません。

一つは、絞り込みが徹底できないということがあります。

絞り込みをすると、当然、対象としなかった顧客の一部が離反します。そのとき、新規顧客の開拓が追いつかない場合は、一定期間売上が減少することがよくあります。

この絞り込み開始時期の売上減少でひるんでしまい、絞り込みの基準をゆるめてしまって、絞り込みの意味がなくなることがよくあります。

これを防ぐには、絞り込んだあとに継続的に効果を測定することです。

効果測定でまず重要なことは、対象とした顧客が新規で増えているかどうかです。

それには、新規開拓に向けて、第二章で紹介したようなさまざまな販路開拓の取り組みを実行しなければなりません。

そして、絞り込みの前とあとで、売上と利益を比較することが重要です。以前に比べて、増収増益であれば問題ありません。

絞り込みによって一部の顧客が離反したものの、効率がよくなり、減収増益となることもよくあります。これは絞り込みの効果が出ていると言えます。

しかし、減収減益は要注意です。この場合は、新規顧客の増加傾向や既存顧客の今後の離反の予測、顧客別や商品別の限界利益の状況などをしっかり分析し、絞り込みのプロセスや対象にまずい点はないかを検証し、必要な手を打つ必要があります。

二つ目の注意点として、絞り込んで終わりではなく、商品・サービスの革新や、対象顧客の見直しを続けることが重要です。

例えば、153ページの子育てタクシーの例では、当初は「小さな子供を持つ母親」を対象としてサービスを開始しました。

事業展開を進めていく中で、一つ前のライフステージである「妊婦」も対象に加えると、子供が生まれたあとの継続利用が見込めとる判断し、対象顧客に加えて、妊婦向けのサービスを追加しました。

絞り込みに成功して市場を築いたとしても、必ず後発が参入してきます。後発に抜かれないためにも、自社の強みを磨き続けて、商品・サービスを通じて顧客に提供する価値の向上を図らなければなりません。

商品・サービスの提供価値を高める

1 自社のドメイン（競争領域）を定める

中小企業が部分的競争に活路を見出すためには、自社のドメインをしっかり定義する必要があります。ドメインとは、企業が自ら定める競争領域のことです。

ドメインを設定することによって、事業を展開する領域を定めて、具体的な企業活動を行う上での指針とします。

これは企業規模には関係なく、企業が進む方向性を示す上で非常に重要です。

有名な例ですが、かつてアメリカの鉄道会社は、自社のドメインを「鉄道事業」と定義していました。

よって、自動車や飛行機が移動手段として普及しても、自社の事業とは関係ないと認識したために対応が遅れ、鉄道会社は衰退したと言われています。

もし、ドメインを「輸送事業」と定義していたら、輸送手段の進歩を柔軟に取り入れ、別の事業展開をしていたかもしれません。

ドメインを定める上で重要なことは、自社が扱っている商品やサービスそのものではなく、顧客に提供すべき価値を起点に考えることです。

先ほどのアメリカの鉄道会社の例では、顧客に提供すべき価値は「鉄道に乗せる」ことではなく、「移動させる」ことです。

体重計や体脂肪計が主力製品のタニタは、「健康づくりへの貢献」をドメインとしています。よって、体重計だけでなく、そこで培ったノウハウを料理のレシピ本や食堂事業へと展開しました。

例えば、次の業種では、こんなドメインが考えられます。

・介護業　　　：高齢者の自立と生きがい支援業
・旅行代理店　：非日常体験提案業
・写真スタジオ：思い出作り支援業
・ITベンダー：生産性向上提案業
・印刷業　　　：販売促進支援業

このように、現在顧客に提供している価値、そして、これから提供したい価値から考えると、新たな事業展開の可能性が広がります。

ポイントは、今までお客様に喜ばれたことや感謝されたことを思い出して、一般化してみることです。

このように考えることで、顧客への提供価値を深掘りして考えるクセがつき、外部環境の変化にも敏感になって、新たな商品やサービス開発にも役立ちます。

2 機能的価値と「感情的価値」

顧客に提供すべき価値を考える上で、「機能的価値」と「感情的価値」および「経済的価値」について説明します（図5）。

「機能的価値」とは、機能面における価値のことです。例えば、オートバイで言えば、総排気量、エンジン方式、最高出力、車両重量など、いわゆるスペックです。商品を購入する際は、このようなスペックを参考にして製品を選びます。

「機能的価値」は重要ですが、顧客にとってはあって当たり前の価値なので、これだけで差別化することは困難です。

また、「機能的価値」を高めようとして一定水準を超えると、顧客にとってオーバースペックになってしまいますし、一方、標準的な機能の域を出ないと、価格競争に巻き込まれやすくなります。

図5

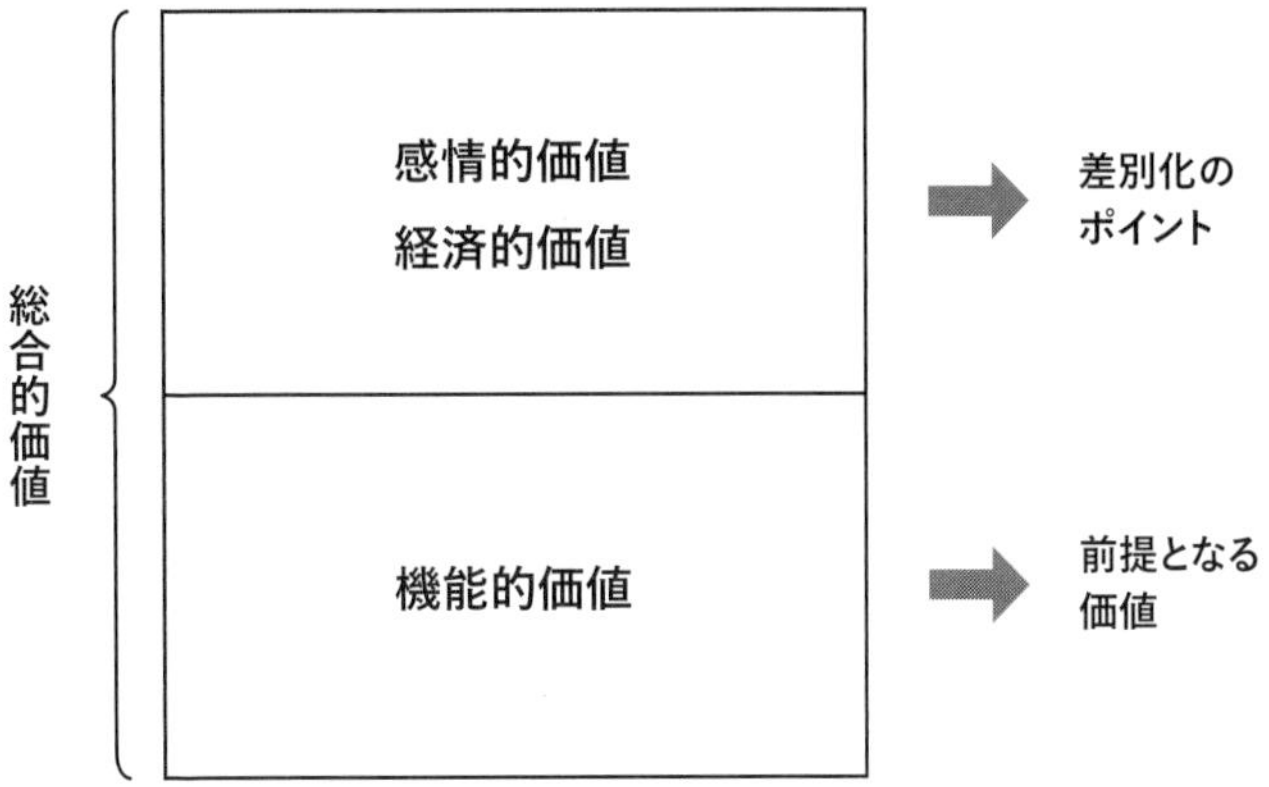

そこで重要になってくるのが「感情的価値」です。

これは、顧客の感情に訴えかける価値のことです。

オートバイの一般的な「機能的価値」は、先ほどいくつか挙げました。

それに対する「感情的価値」を、バイクブランドの頂点であるハーレーダビッドソンというメーカーの例で説明します。

ハーレーダビッドソンは、決して乗り心地が抜群にいいというわけではありません。

大型のエンジンを搭載しているため振動が大きく、ハンドルもアップで腕に負担がかかるなど、個人差はあるものの、乗り心地だけで支持されているわけではありません。

ハーレーダビッドソンの「感情的価値」は、ずっしり響くエンジン音、かっこよさ、自由、渋さ、男らしさ、仲間との連帯感などです。

「ハーレーのある生活」という言葉があります。愛好者同士でのツーリングを数カ月も前から待ちこがれている人も多く、それを楽しみにしていると毎日の生活にも張りが出てきます。

この例のように「感情的価値」は、その商品やサービスを手に入れた結果、どんな生活が待っているのか、今と違うどんな自分になれるのかを感じさせる価値です。

それによって顧客の感情を動かすことができれば、顧客は購買へと向かいます。

特に消費者向けビジネス（ＢｔｏＣ）において重要です。

家電のテレビコマーシャルでも、「こんな機能があります」というスペックを強調するだけではなく、その家電に囲まれた理想の暮らし、理想の家族像を表現するようなものが増えています。これはまさに「感情的価値」の訴求です。

感情的価値を訴求するポイントとして「理念に賛同してもらうこと」があります。これは、顧客の感情を動かすために重要です。

「理念への賛同」の例として、第二章で紹介したステーキ丼専門店の佰食屋があります。社長の中村朱美さんは、長時間労働の印象が強い従来の外食産業に対する真逆の働き方として、「残業ゼロ」「フードロスゼロ」「経営を簡単に」「どんな人も即戦力に」「売上至上主義からの解放」の五つを訴求しました。

この経営理念が注目され、中村さんは「ウーマン・オブ・ザ・イヤー2019」にも選出されました。同社の繁盛の背景としては、品質もさることながら、この理念への消費者の賛同を挙げることができます。

「感情的価値」をうまく訴求できると、価格競争に巻き込まれにくくなる、熱烈なファンができる、などのメリットが生まれます。

今までの自社の商品PRは「機能的価値」に偏っていないか、どんな「感情的価値」を提供できているのかを振り返って考えてみましょう。

そして、ホームページや商品パンフレットにおいて、「感情的価値」を企業理念やストーリーで伝えることが有効です。

3 機能的価値と「経済的価値」

消費者向けのビジネスにおいては、「感情的価値」によって顧客の心を動かすことが重要ですが、法人向けビジネス（ＢｔｏＢ）では、「経済的価値」の提案が有効です。

「経済的価値」とは、一言で言うと、顧客の収益力向上に貢献する価値です。

例えば、その商品・サービスを使うことでコストを下げることができる、生産性を上げることができるということです。

１０６ページのキーエンスの事例が非常にわかりやすいでしょう。

同社は、顧客に対して、その時点で最速や最小、最軽量のセンサーなど、「機能的価値」においても高いレベルの製品を提供していますが、加えて、顧客の収益性向上に貢献する「経済的価値」を提案することで、営業利益率五〇％超という極めて高い収益性を実現しています。

「経済的価値」は、コスト削減など直接的にキャッシュに関わることだけではありません。顧客に「納期短縮」を提案して、それによって顧客が時間というコストを短縮し、生産性向上につながるのであれば、それも「経済的価値」です。

「経済的価値」を提案するためには、まず、顧客が抱えている悩みや課題を把握しなければなりません。

そのためには、顧客の業界と顧客自体をよく知ること、課題解決提案ができる営業力を身につけることが重要です。

4 顧客に提供する価値と利益の関係

「機能的価値」と「感情的価値」「経済的価値」の関係を見てきました。

これらの価値の総和によって、顧客に提供する総合的な価値が構成されます。

172ページの図6をご覧ください。

右の図が高収益企業のイメージです。「機能的価値」と「感情的価値」「経済的価値」を足した総合的価値と、価格の差が顧客の利益です。

図6

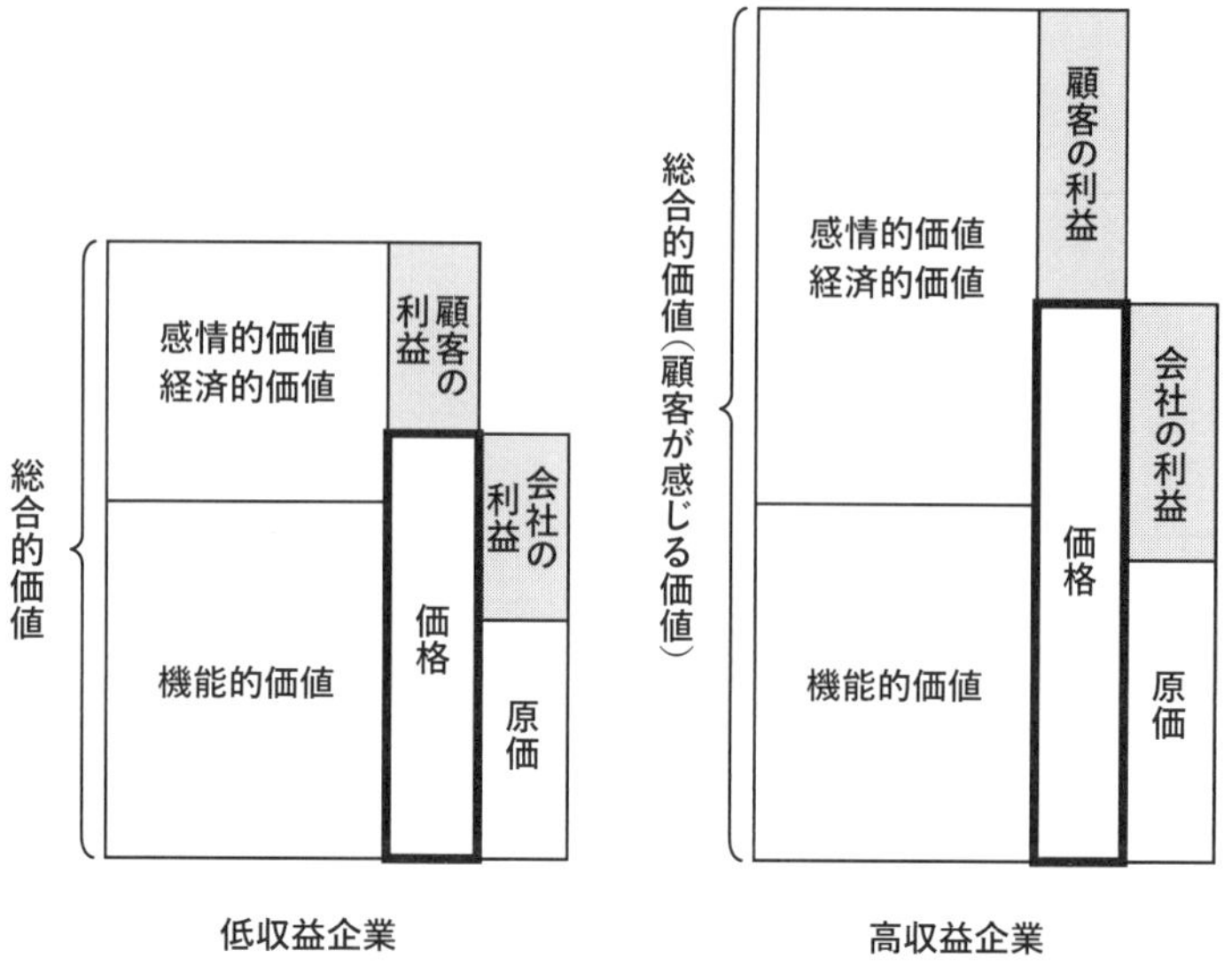

左の図の低収益企業と違って、総合的価値が大きいため、顧客の利益が大きくなっています。

そして、顧客が得る利益の大きさは顧客満足度の大きさにつながります。

また、右の図は左よりも顧客に提供している利益が大きいために、単価アップが可能となり、会社の利益も左の図より大きくなっています。

顧客が得る利益を高めないと、会社の利益も増やすことはできません。

そのために、「機能的価値」に加えて「感情的価値」「経済的価値」を高める努力が必要です。

5 顧客との関係性を構築する

長期にわたって収益を安定させるためには、顧客に提供する総合的価値を高めるとともに、優良顧客との関係性を深めることが欠かせません。

関係性を構築できた顧客は流出しにくくなり、リピートオーダーが期待できます。

顧客との関係性の中核をなすものは「共感」です。

例えば、「自社の事業にかける思いに共感してもらう」「商品・サービスを開発したきっかけとなった問題意識に共感してもらう」といったようなことです。

これらがあると、顧客は自社について、もっとよく知りたいと思うようになります。

そのためには、経営の重要な取り組みとして、顧客との関係性をマネジメントする必要があります。

関係性のマネジメントを構築する取り組みとして、次の二つがあります。

①商品化のストーリーを伝える。
②接触の機会を増やす。

まず、「商品化のストーリー」についてですが、ストーリーにすることで、自然な形で、商品にかける思いや企業のビジョンを消費者に伝えることができます。

そして、ストーリーに共感した顧客との間では、売買を超えた関係性が期待できます。

商品化のストーリーの例として、商品の絞り込みの事例で紹介した「気くばりミラー」のコミーが挙げられます。

同社は「物語を創る会社」を標榜しており、会社が経験してきたさまざまな商品開発の成功事例、失敗事例、創意工夫を「コミー物語」として、ホームページで公開しています。中でも、米国の某航空会社に長年レターとサンプルを送り続け、一二年目にしてやっと問い合わせが入って採用された事例などは、非常に臨場感があり、商品に込める同社の情熱が伝わってきて共感を呼びます。

商品化のストーリーの例をもう一つ紹介します。

二〇〇三年に創立され、今までにない新しい価値を持つ家電を開発しているバルミューダという会社があります。

自然界の風を再現する扇風機や、窯から出したばかりの焼きたての味を再現するトースターなど、ユニークな家電を次々と開発して人気を集めています。

同社の商品は、まず、わくわくするようなアイデアから始まり、そのアイデアを商品化するために、ひたすら試行錯誤と実験を繰り返した結果、生み出されたものばかりです。

その商品開発ストーリーを、ホームページで公開しています。

そよ風の扇風機の開発ストーリーは、NHKの朝ドラの原案にも採用されました。

この扇風機は一台三万六〇〇〇円もしますが、発売以来八年間で、四〇万台を超えるロングセラーとなっています。

このように、共感されるストーリーがある企業や商品は、顧客を惹きつける力を持ちます。

次に、「接触の機会を増やす」についてです。

当たり前のことですが、接触がなければ共感は生まれません。

いくらいいストーリーでも、伝わらなければないのと同じです。

伝え方としてオーソドックスなのは、ホームページで公開したり、メルマガやブログ、SNSで発信することです。これはそれほどコストがかかりませんので、接触の手段として有効です。

新聞社や雑誌などのパブリシティーもうまく活用したいものです。

中小企業であっても、部分的競争によって差別化できる取り組みを行っていると、メディアから注目されて取材記事が掲載されることがあります。

広告と違ってコストがかかりませんので、うまく活用できれば、自社の理念や商品化ストーリーを伝えることができます。

先に述べたように、商品の絞り込みの事例で紹介した鯖やは、設立後一〇年間で、一五〇〇回以上メディアで紹介されました。

一番効果的なのは、直接接触することです。

「気くばりミラー」のコミーでは「US」（ユーザー・サティスファクション）と言って、コミーの商品が現場で役に立っているかどうか、現場の使用者に直接聞きに行く活動をしています。

商品が現場でどのように役に立っているのか、役に立っていない場合は、どんな点が使用前の想定と違ったのかを、定期的に訪問して確認しています。

そして、訪問で得た情報を、お役立ちの事例としてホームページで公開します。

訪問されたユーザーは、ミラー一枚の購入に対してここまでフォローしてくれる同社の姿勢に感心し、関係性が深まります。

もちろん、全国すべての顧客を訪問することはできませんが、このような活動を行っていることをオープンにすることは、未訪問の顧客に対しても会社の姿勢を示すことができます。

6 ニッチトップ（小規模No.1）を目指す

この章のはじめで、ランチェスター戦略について説明しました。

ランチェスター戦略の代名詞と言えば、No.1主義です。

ランチェスター戦略ではシェア一位を強者と呼び、二位以下は弱者と呼ぶことは既に説明した通りです。

しかし、一位と言っても、二位以下との差が少ない状況では盤石とは言えません。二位以下の企業も逆転を目指し、激しい競争が繰り広げられます。

ただし、二位以下を圧倒的に引き離した一位が相手であれば、二位以下はまともに張り合うと体力が持たないので、棲み分けを意識するため、結果的に一位企業の収益性が向上します。


二位以下を圧倒的に引き離す一位を、ランチェスター戦略ではNo.1と称しています。

引き離すべき数値はルート三倍（約一・七倍）が基準ですが、その市場に二社しかいない二社間競合や、特定顧客内の単品シェアで比較するような局地戦の場合は、三倍が基準です。

No.1には威力があります。

電車の中吊り広告はNo.1表示であふれています。
・○○ビール歴代ブランド史上売上No.1

・自動車保険○年連続売上№1
・○○不動産エリア内の契約数№1
・歴代興行収入№1ヒット

№1を名乗ることで、さまざまなメリットが生まれます。

一つは「信用の獲得」です。

多くの人の支持があるから№1になれるわけで、これからその商品やサービスの購入を検討している人に、安心感を与えることができます。

また、「代名詞効果」も大きなメリットです。

「○○と言えば○○」というように、№1の商品名が、その商品カテゴリーそのものを示す言葉として語られることがあります。

すると、口コミなどで更に知名度が向上し、広告費に換算すると大きな効果となります。

有名な例では、クロネコヤマトの「宅急便」はヤマト運輸の登録商標ですが、一般名称である宅配便よりも世の中に浸透しています。

最近では、採用においてもメリットがあります。

中小企業の採用難は深刻ですが、たとえ小さな領域であってもNo.1の分野があると、採用に有利になります。

このように、No.1を名乗ることでさまざまなメリットが生じますが、何も大きな単位の市場のNo.1でなくても構いません。

地域・商品・顧客層などを絞り込んで、小さくてもいいのでNo.1領域を確立します。

航空機向けミラーのコミーのように、分野を絞れば、中小企業でも世界シェアNo.1になることは夢ではありません。

小規模でもNo.1分野があると、その領域で知名度が上がり、顧客の支持も増えて徐々に利益性が向上していきます。

その利益を、次のNo.1領域へ投資して、徐々にNo.1の分野を拡大させていきます。

一点集中→全面展開です。

そのために、商品・サービスの機能的価値に加えて、感情的価値・経済的価値を磨いて、顧客にしっかりと届けることが重要となります。

第四章

会社の成長は社長の実行力次第

この章では、持続的に成長する会社を実現するために、中小企業の社長が果たすべき役割と実行力について見ていきます。

社長の役割としては、大きく二つ挙げられます。

①経営方針を定め、社員に浸透させる。

②率先垂範で行動し、最終的な責任を持つ。

経営方針を定め、社員に浸透させる

1 経営計画書はなぜ重要か

人手が足りない中小企業においては、社長も現場仕事に従事することが多々ありますが、経営計画を定める仕事は社長がやらなければ、他にできる人はいません。

「経営計画を立てても、外部環境は変わるし、計画通りにいったことがないからやっても無駄」という社長も中にはいます。

しかし、経営計画書の策定は、次の点で大変重要です。

〈社長と社員が目標を共有するため〉

経営計画が社長の頭の中にあるだけでは、社員と共有できません。社長の考えを経営計画書として形にすることで、目標を共有できて、社員は自分の持ち場で力を発揮できます。

〈意思決定の際の判断基準にするため〉

事前に計画することで、事業を進める上での落とし穴やリスクに気付きやすくなります。また、計画と実際との間に差異が発生した場合に、リカバリー策が取りやすくなります。

計画がないと、対応が場当たり的になります（184ページの図1）。

図1

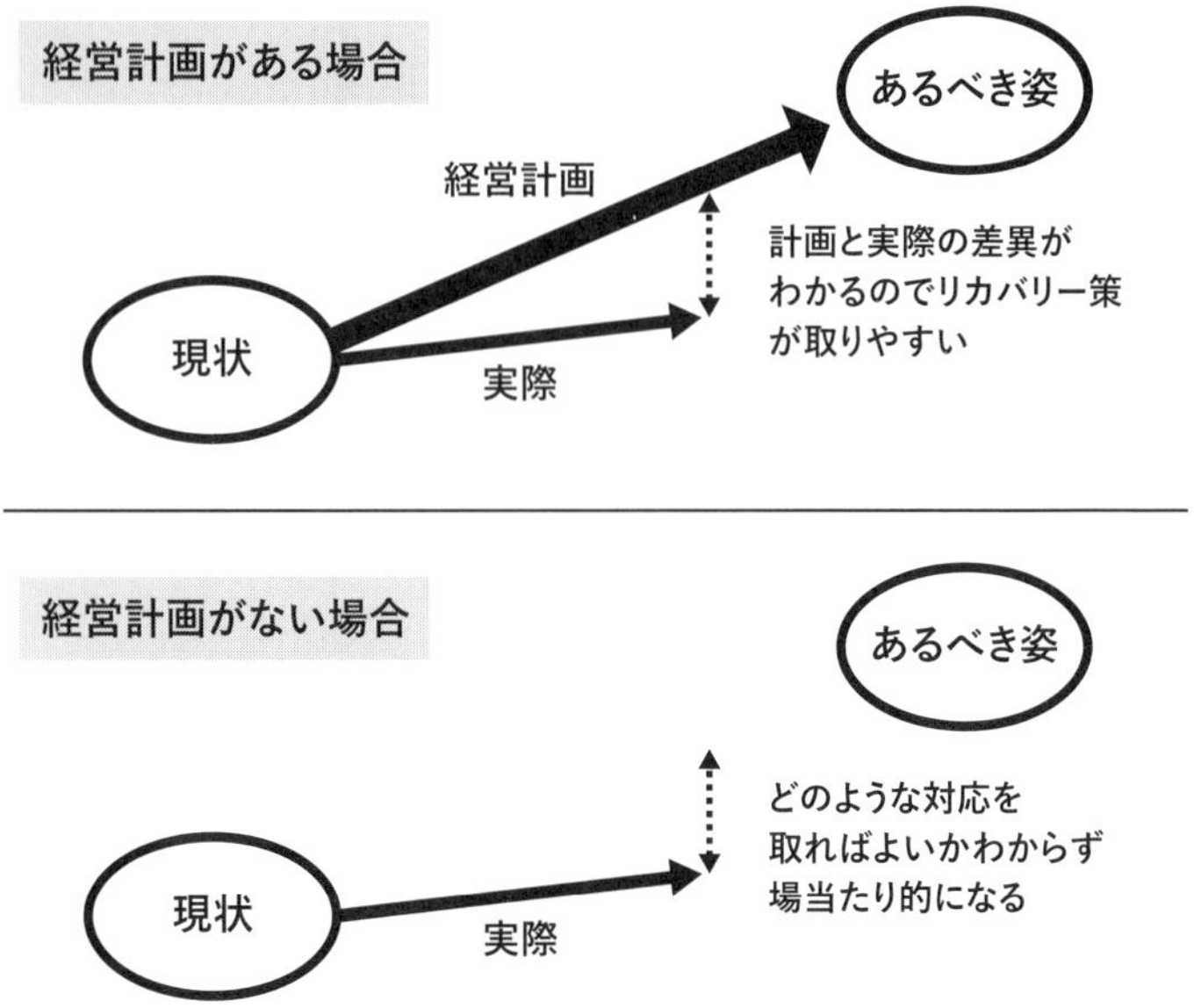

〈資金を調達するため〉

金融機関から資金調達する際や、ベンチャーキャピタルなどから出資してもらうためには、経営計画書が必須です。

どんなによい事業プランでも、経営計画書という形にして情報を提供しなければ、審査担当者は、窓口担当者からの伝聞の情報だけで融資の決裁をすることはできません。

登山計画に例えると、経営計画書を策定しないのは、いつまでに頂上を目指すのか、どこでキャンプを張るのか、食料などの調達はどうするのか、天候をどう予測するのかなどを明確にせずに登り始めるようなものです。

低山をハイキングするならそれでもいいでしょう。

しかし、ヒマラヤ級の山はもちろん、日本でも三〇〇〇メートル級の山を何日もかけて縦走する場合において、「どのように登るかはリーダーである自分の頭の中にあるから大丈夫」と言われても、登山メンバーを納得させることはできません。

登山計画なしで高山に登頂することは考えられませんが、中小企業経営においてはどうでしょうか。

中小企業庁が二〇一六年に、小規模事業者の実態調査をした際、経営計画の作成の有無を調べたところ、「作成経験あり」は五〇％強でした。

この数字には、補助金を申請する際のスポット的に作成する事業計画書も含まれていますので、毎年、期のはじめに定常的に作成している企業は、もっと少ないのが現状です。

高度経済成長の時代は、市場の伸びについていけば、多くの企業が成長できました。

しかし、多くの市場が成熟市場となっている現在、中小企業が持続的に成長するためには、社長の力量が問われてきます。

日々の経営において、経営計画という指針があるからこそ、社長の判断に迷いがなくなり、社員は自分の持ち場で力量を発揮することが可能になります。

2 経営理念を定める

経営計画書の冒頭で、まず経営理念を示します。経営理念は、「なぜ当社は存在するのか」「当社は何のために活動をするのか」を表した社長の想いです。

会社の経営理念がないと、社員は何のためにこの会社で働いているのか、会社が今後どこに向かうのかわからず、お客様対応などで判断に迷ったとき、適切な行動が取れなくなります。

つまり、経営理念がない会社は、社長が何を考え、どこを目指して経営しているのかわからない会社ということになってしまいます。

すると、「社長が頑張れ、頑張れと言うのは、自分の私利私欲のために我々にハッパをかけているのではないか」と思ってしまう社員もいるかもしれません。

経営理念は大企業では必要だが、社長との距離が近い中小企業では不要だと考えている方も多いと思います。

しかし、私は日頃、中小企業経営者から社員に関する悩みをよく聞きますが、多くの経営者が自分の目指すところと社員の認識にずれがあると言います。

給与を払う側ともらう側の、立場の違いによるギャップは必ずあります。よって社長は、自社のあり方と目指す姿を文章にして、繰り返し伝え続けなければなりません。参考までに、第五章で事例として紹介している三社の経営理念を紹介します。

コミー株式会社

一．ユーザーの声に耳を傾ける。

二．競争に費やすエネルギーを創造に費やす。

三．売上の拡大よりも「出会いの喜び」「創る喜び」「信頼の喜び」を味わえる仕事を大切にする。

まくら株式会社

一．私たちは「まくら」を通じて、安眠と安心を全世界の方にお届けし、よりよい「眠り」をご提案していきます。

一．私たちは「まくら」のように毎日毎晩、お客様を支え続け、「まくら」のように陰ながら、「まくら」のように必要不可欠な会社であり続けます。

一．私たちは、一〇〇年を超えても継続して必要とされる企業になります。すべて「まくら」のように。

スズキ機工株式会社

一．スズキ機工は社員とその家族の安定した幸せな生活を実現し、物心共に活力に満ちあふれた皆が集う大切な場所になることを目指します。

一．そのために運命共同体の同志である社員一丸となり、努力精進し成長いたします。

一．そしてお客様が感動する商品・サービスの提供を通じて、社会の発展・繁栄に貢献いたします。

私たちスズキ機工は三つの誓いがスパイラルを描き、発展していくことを経営理念
＝会社の存在目的に掲げます。

いかがでしょうか。

どの会社の経営理念においても、社長が経営にかける想いが強く伝わってきます。

しかし、経営理念は、作っただけでは社員に浸透しません。

・作成した経営理念を、毎期の経営計画書の冒頭に掲載する。
・ホームページで公開する。
・朝礼で唱和する。

このように、事あるごとに繰り返すことで、社長の想いが社員に浸透し、社長が目指す姿と社員の行動との間のブレがなくなってきます。

3 経営計画書を作成する

経営計画書を取りまとめる上では、枚数が多ければいいというわけではありませんので、

必要な項目に絞って、なるべくシンプルにまとめます。
必須となる項目は以下の通りです。

①経営理念

・前項で説明した通りです。

②中期ビジョン

・三～五年先の自社のあるべき姿に向けた戦略と、それを実現するための会社の体制。
・絞り込む市場や顧客層を明確にし、そこにどのような価値を提供するのか。
・重点商品政策について。

③前期の振り返り

・前期の経営数値について（目標に対する達成数値と、未達の場合の原因分析）。
・業界や自社を取り巻く外部環境の変化や動きについて。
・前期の具体的なトピック（特筆すべき営業案件などの成功事例、反省すべき事例など）。

④今期利益計画書

・今期の経常利益目標と、必要利益を出すための売上、限界利益、経費について。

・目標数値については、前期の数値との比較で表現する。

⑤行動計画

・今期利益計画書の数値を達成するための具体的方策（主要顧客や商品別の単価アップ戦略、数量アップ戦略、変動費ダウン戦略など）。

・重点具体策の実現に向けた行動計画と必要な段取りについて。

・各行動計画と段取りの日程、担当者、実行期限について。

・業務プロセスの改善など、営業面以外の行動計画も示す。

4 利益計画は利益から逆算して作る

今期利益計画について、計画立案の手順を説明します。

年間計画を立てる際、「前期の売上額をベースに、今期は売上を△△％伸ばす。そして利益率はこの程度だから、結果的に利益はこうなる」という売上目標から利益を導くやり方をすることも多いと思いますが、これは誤りです。

利益は、企業が事業を継続・発展させていくための条件であり、明日更に優れた事業を行うためのコストです。

よって、まずは「事業存続のためのコストである利益をいくら出すのか」ということを、社長の意思として、最初に決めなければなりません。

図2をご覧ください。第一章で何度も出てきた利益の構造を示す図です。

販売計画の立て方の手順は、まず①の目標利益を決めます。

目標利益を決める上では、例えば次のような、会社を維持・発展させるために必要な要素を考えます。

・三年後に、借入をせずに設備投資するための原資を確保する。
・不況が来て利益がゼロになっても、一年間社員に給与を払える内部留保を確保する。
・社員に決算賞与を払う原資を確保する。

図2

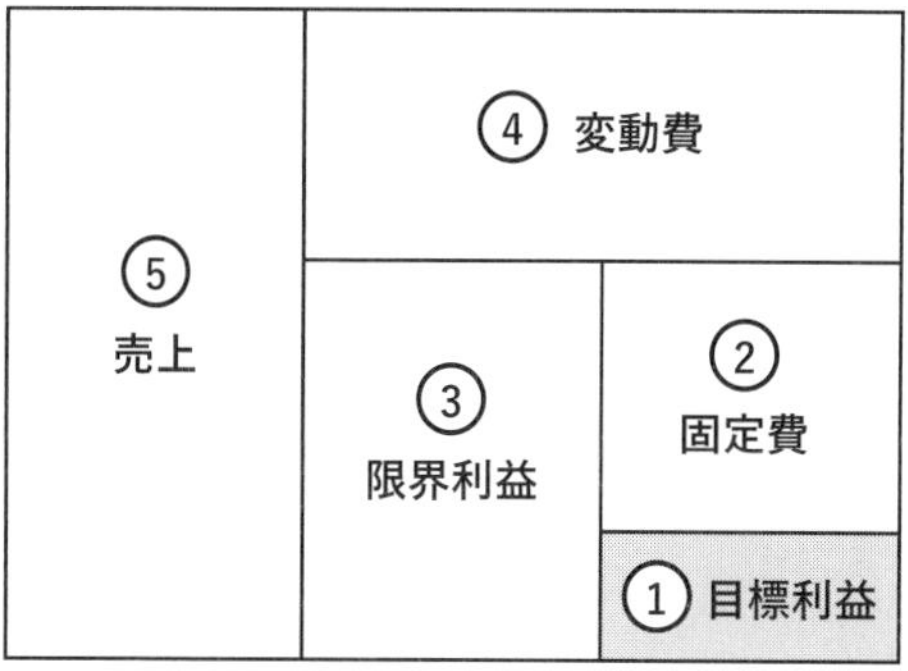

そして、これらを達成するために、今期はどの程度の利益が必要となるかを考えます。

次に②の固定費を予測します。これは前期までの損益計算書を参考に、人件費や設備費など、固定費を発生させる項目を確認して算出します。

ここまでで目標利益と固定費が出ますので、必要な限界利益③が算出されます。

⑤の売上額については、限界利益の目標額を決めたあとで、主要顧客・商品の限界利益率や前期までの限界利益率を参考にして、④の変動費を算出して決めていきます。

目標数値が確定したら、主要顧客別・主要商品別に、目標達成に向けた打ち手を検討して行動計画に落とし込みます。

最初に売上目標を決めて、その達成を最優先する「売上至上主義」には落とし穴があります。売上を優先した事業展開を行うと、売れば売るほど運転資金が必要になり、資金繰りが悪化することがあります。

また、無理に売り込んで押し込み販売をすると、回収条件が悪化したり、返品や値引きも増大します。

更に、無理な納期を約束してしまい、生産部門や仕入先に無理な要求をしたり、残業代、物流費、営業経費、在庫が増大するなど、さまざまな悪影響が発生しかねません。

売上は、あくまでも利益を上げるための「手段」ですので、売上至上主義にならないようにしましょう。

5 経営計画発表会を行う

経営計画を作成したら、新たな期のはじめに社員に周知させなければなりません。

せっかく時間をかけて経営計画を作っても、社員の心にしっかり伝わらなければ意味がありません。

場所は会社の会議室ではなく、外部で行った方が業務から離れて集中でき、緊張感も高まります。

年一回のセレモニーと考えれば大した出費ではありませんので、できればホテルの会議室などで行うのがお勧めです。

普段は業務用のユニフォームで仕事をしている会社でも、この日はスーツ着用とします。

式次第は二部構成で、例えば、一部で経営計画を発表し、二部で懇親会を行います。

一部では社長が前期の業績を振り返り、今期の経営計画を熱く語ります。

二部の懇親会は、前期に功績のあった社員の表彰を行うなど、和やかに進めつつ、今期の目標達成に向けて社員の士気を高めます。

6 経営計画の実行に社員を巻き込む

経営計画書を発表しただけで、社員の関心が高まるわけではありません。

主な理由としては、社員が経営計画を他人事と思ってしまうことにあります。

仕事に限らず、他人事と思っているうちは、人は自発的に行動しようとは思いません。

逆に、自分事であれば、当事者意識が芽生え、何とかしようと行動を始めます。

よって、会社の経営計画の達成に向けて、社員が自分の持ち場で頑張ることが、自分にとってもよい影響が生じると思うような仕組みを作ることが重要です。

例えば、以下のような取り組みです。

・利益目標の超過分の三分の一を原資として、大入り袋で決算賞与を支給し、会社の業績を肌感覚で社員に伝える。
↓（社員の想い）決算賞与は嬉しいな。でも昨年より少ないので今期は頑張ろう。

・経営計画で発表した新たな仕事の責任者と担当者を募る。
↓（社員の想い）この仕事は自分の能力が活かせるし、成長できそうなので応募しよう。


短期的な視点だけではなく、中・長期的な視点を加えることも重要です。

例えば、「三年後の創立一五周年には、社員と家族全員で海外旅行に行きたい」「働き方改革を進めて、三年後に月に一回の週休三日制を実現したい」「五年後には子会社を作って、社長と幹部を今の社員から登用したい」など、毎年の経営計画を着実に実行していくことで、少し先の自分の未来に希望が持てる構想を語り、社員の当事者意識を高めます。

このように、社員を巻き込む仕組みが回っているのと、そうでないのとでは、経営計画の達成にも差が出て、業績も大きく違ってきます。

この仕組みをうまく回して業績を伸ばしている会社があります。

千葉県柏市に本社を置き、宝飾事業や飲食事業を手掛ける株式会社QUATTRO（クアトロ）は、創業八年で年商三五億円、社員約三〇〇人の規模に成長しました。

この成長を支えている仕組みが提案制度です。

コスト削減や新規事業提案など、さまざまなアイデアを社員から募り、経営計画の推進に社員を巻き込んで、経営者・幹部・社員が一体となって業績拡大を実現しています。

同社の事例は第五章で詳しく説明しています。

7 日次決算を行う

経営計画の達成状況は、月次決算の数字で判断する会社も多いのですが、日次決算の重要性を説明したいと思います。

月次決算の流れとしては、例えば一月の場合、仕入先の請求書などが翌月上旬から中旬に送られてきますので、それらを入力して、早い会社で二月上旬、多くの会社は二月下旬に出来上がります。

一月の数字が二月一五日にまとまると、黒字の場合は「先月はよかった」、赤字の場合は「今月は頑張ろう。でも、もう半分過ぎてしまった」ということになり、毎月これを繰り返すことになります。

それに対し、日次決算の場合は、次のようにタイムリーに手を打つことができます。

一月二〇日の時点、「固定費に対して限界利益がまだ届いていないので、あと一〇日間、この対策をやってみよう」。

一月二五日の時点、「固定費を上回る限界利益までもうひと踏ん張りなので、二〇日か

図3

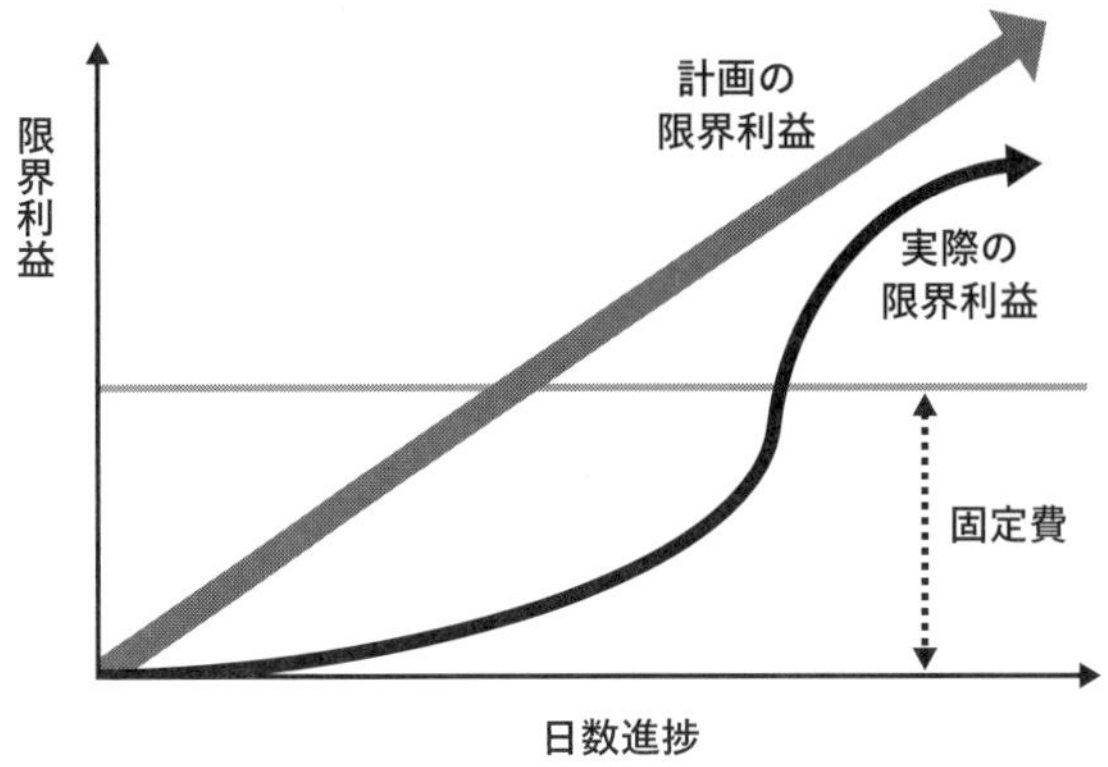

らやっている対策に加えて、更にこの対策もやってみよう」。

月末の段階、「二〇日と二五日の対策が効いて、当月は黒字を達成できた」。

図3をご覧ください。計画の限界利益に対して、実際の限界利益の進捗状況を日々把握することで、リアルタイムな経営の意思決定を行うことができます。

月末の時点で当月の利益が把握できていれば、すぐに翌月の準備に入れますので、同業他社に先んじたスピード経営ができます。

第二章でも説明しましたが、スピードは大きな武器です。中小企業は大企業と違ってスピーディーに意思決定ができますが、社長が正しい判断を下すためには、日次決算で毎日会社の状況を把握しておく必要があります。

日々の利益状況を把握することで社長の意識が変わり、更に社員と共有することで、利益に対する社員の意識が上がってきます。

そして、会社全体が数字を見ることが習慣となり、徐々に利益志向の会社になっていきます。

毎日、売上や経費を入力するのは無理だという方もいるかもしれません。

しかし、たいていの会社は日次で売上を集計しています。

小売業は店舗ごとに毎日レジで売上を集計しますし、製造業であれば生産高の集計、卸売業であれば出荷金額の集計を、毎日行っているはずです。

基本的な手順は次の通りで、エクセルでシートを作成してしまえば、毎日・毎月同じ作業を繰り返すだけです。

・年間計画をもとに、各月の売上、変動費、固定費を予算化します。

・各月の予算数値を稼働日数で割り、一日当たりの数値を算出します。
・毎日の売上、変動費などの実績を入力します。すると、限界利益が毎日計算され、予算との比較が可能となります。
・予算と実績に大きな乖離《かいり》がある場合は、原因を調べて改善策を実施します。

日次決算では、あまり正確な数字にこだわると運用ができません。

例えば、固定費は、人が増えなければ毎月それほどの変動はありません。

日々の売上と売上原価のデータが重要なので、他の経費はある程度の計上根拠は必要となりますが、概算で構いません。

日次決算の目的は、日々の進捗状況を数値で把握しながら、迅速に改善することにあります。数字の精度にこだわりすぎて、スピードが落ちては意味がありません。


まとめると、日次決算には次のような効果があります。
・前月ではなく、今月の会社の利益状況がすぐにわかる。
・予算と実績の差異を毎日把握することで、軌道修正の手がすぐに打てる。

・社長と社員の、限界利益に対する意識が高まる。

8 経営計画の作成・実行に有効な研修（マネジメントゲーム）

経営計画の作成、および利益を稼ぐための四つの基本戦略を楽しく学べるボードゲームがあります。名前をマネジメントゲーム（以下MG）と言い、四〇年前にソニーが開発した経営者育成研修用のゲームです。

この研修は、もともとはソニーの社内用のものでしたが、非常に評価が高いため社外にも提供するようになり、延べ一〇〇万人以上が受講している人気のある研修です。

ソフトバンクの孫正義社長はMGの愛好者で、自ら一〇〇期以上受講するだけでなく、幹部層全員に対しても繰り返し受講させるなど、リピーターが多い研修として知られています。

MGの特徴は、ボードゲームを楽しみながら疑似的に経営体験ができることです（図4）。

このゲームを通じて、利益感度を実際に体験することができます。

図4

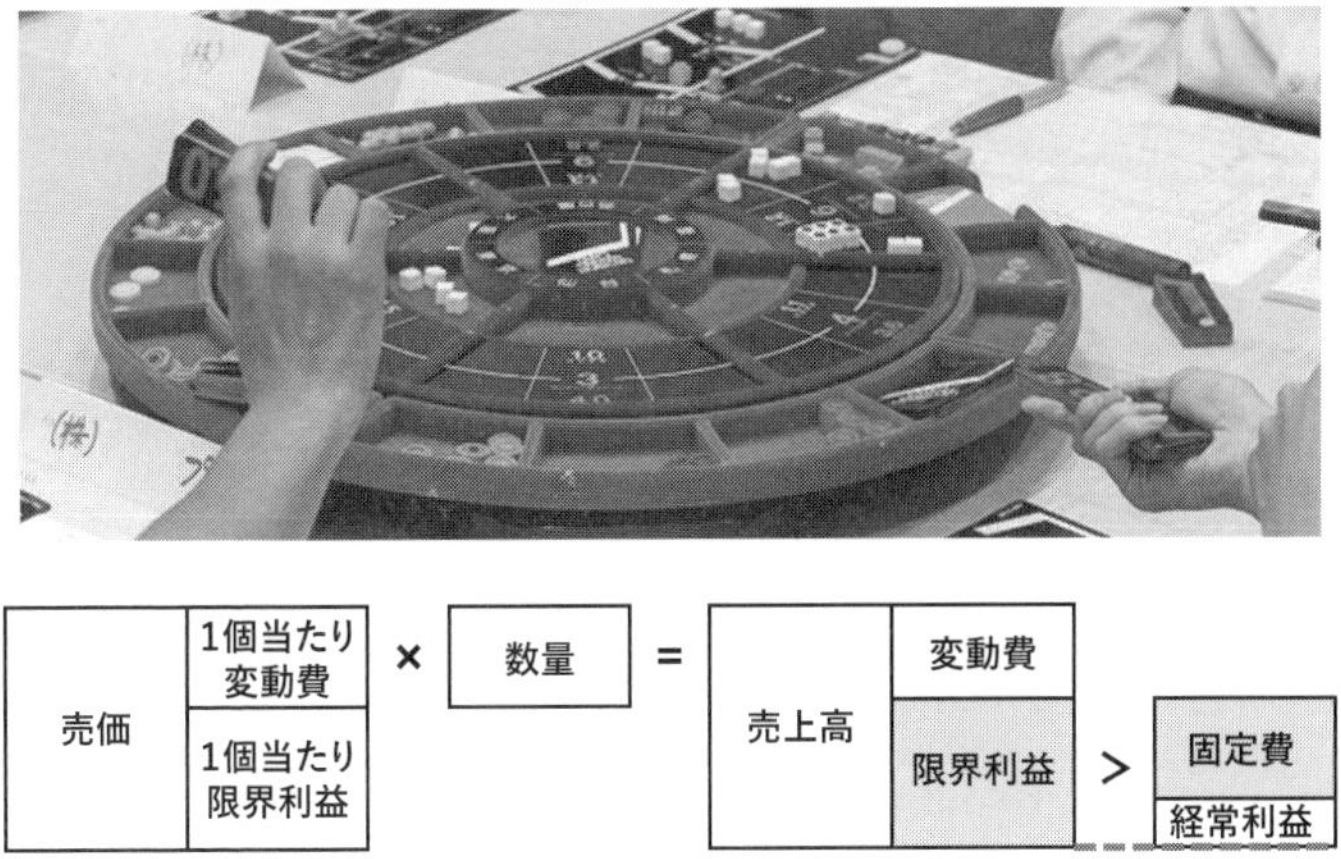

単価アップ戦略、数量アップ戦略、コストダウン戦略などの
意思決定を行い、利益拡大を参加者同士で競う

ゲームは、経営者として、資本金の元入れから始まって、材料仕入れ・製造・販売・設備投資・採用などの意思決定を行い、決算処理も行います。

最初に利益目標を決めてから、固定費を予測し、必要な限界利益を算出するという経営計画策定の手順も体験します。

このような流れで、ゲーム参加者同士で経営成績を競い合うというユニークな研修です。

ゲームの中では、第二章で紹介したような、単価アップ戦略、数量アップ戦略、コストダウン戦略などの意思決定を求められ、また、利益を増やすための五つ目の方策である「スピード」も要求されます。

状況によっては、逆張り戦略を試してみるのもいいでしょう。

ＭＧのメリットは、ゲーム上で経営の経験を積めることです。

実際の経営においては、さまざまな戦略を試行錯誤した挙句、最終的に倒産してしまうことがあります。そして、結果的にその経験から多くのことを学びます。

しかし、実際には倒産する経験はないに越したことはありません。

ＭＧでは、倒産という人生のリスクを負うことなく、繰り返しゲームを行うことでさまざまな経営戦略を体験し、利益感度を磨くことができます。

本書で学んでいただいた上でＭＧを体験することで、相乗効果が期待できます。

筆者もＭＧのインストラクターを行っていますので、有効性をよく理解しています。

機会があれば体験してみることをお勧めします。オンラインでゲームを体験できるオンライン版もあります。

※マネジメントゲームの知的財産権はマネジメント・カレッジ㈱が保有しています。

率先垂範で行動し、最終的な責任を持つ

1 全体最適を図る

社長が率先垂範するからこそ、社員はついてきます。

社員に「必死で働け」と言っておいて、社長が遊興三昧では社員はついてきません。

しかし、率先垂範と言っても、社長が一人のプレーヤーとなって現場仕事を優先するという意味ではありません。

経営方針に沿って社長の役割をしっかり果たすという意味です。

社長の方針や経営理念に沿った商品やサービスを顧客に提供するためには、現場で働く多くの社員の力が必要です。

よって、社長は現場で起きている問題点や課題を把握しなければなりません。

そのためには、現場に足を運んで社員とのコミュニケーションを取り、問題や課題が生じていないかどうかを把握し、全体最適の視点で改善を図っていく必要があります。

社員は自分の持ち場の仕事に一生懸命なので、会社全体を見渡して業務の無駄を見つけ、改善を提言するようなことは、よほど意識の高い社員以外には、あまり期待できません。

・顧客に商品やサービスを提供する上で、スピードを阻害しているボトルネックは何か。

・ＩＴ化が可能なのに手作業で行っている業務があり、一方で人手不足が発生していないか。

このようなことを把握し、全体最適の視点で改善を進めていくのは、必然的に社長の仕事になります。

企業の規模が小さいほど、社長が会社の業務内容をすべて把握し、社長の権限によって変更することができます。

しかし、中小企業でも規模が大きくなってくると、いくら社長でも、すべての業務内容を把握することは困難です。

よって、小さなことでもいいので、日頃、手間がかかっていること、顧客に迷惑をかけていること、無駄だと思っていることを、提案制度などの仕組みを作り、社員にとって他人事ではなく、自分事として声を上げさせることが重要です。

2 ＩＴの活用を推進する

第二章でも説明しましたが、業務プロセスの改善にＩＴ活用を検討するのも社長の役目です。

２０８ページの図5をご覧ください。中小企業庁の調査によると、ＩＴ投資を行っている企業は、行っていない企業に比べ、売上・利益ともに上回っています。

ＩＴ投資により無駄を省いて生産性を向上させることで、売上・利益増が期待できます。

また、ＩＴ投資を行わない理由については、「ＩＴを導入できる人材がいない」が一位になっています（２０９ページの図6）。

つまりＩＴに詳しい人がいないためにＩＴ導入が進まず、ＩＴでできることを人が行っていて生産性が上がらない、その一方で人が足りない、という負のスパイラルに陥っています。

図5

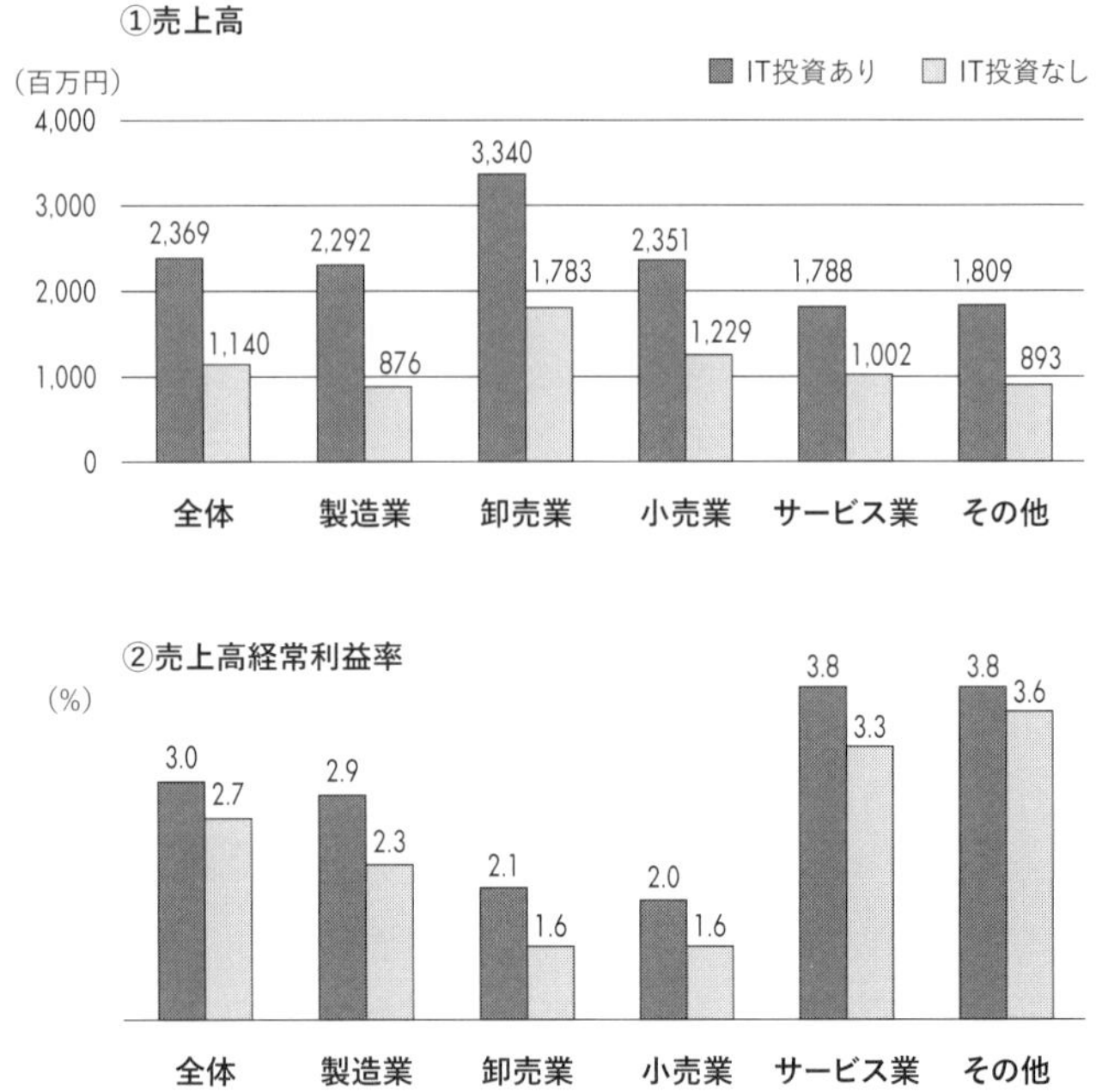

このような負のスパイラルへの対応はまさに経営課題であり、社長が率先して取り組むべき分野です。

ＩＴについて苦手意識を持つ社長も少なくありませんが、別にＩＴのメカニズムやプログラミングの勉強が必要なわけではありません。

「道具」としてのＩＴを使うことにより、どのようなことができて、自社でどう使えそうかを考えればいい

図6

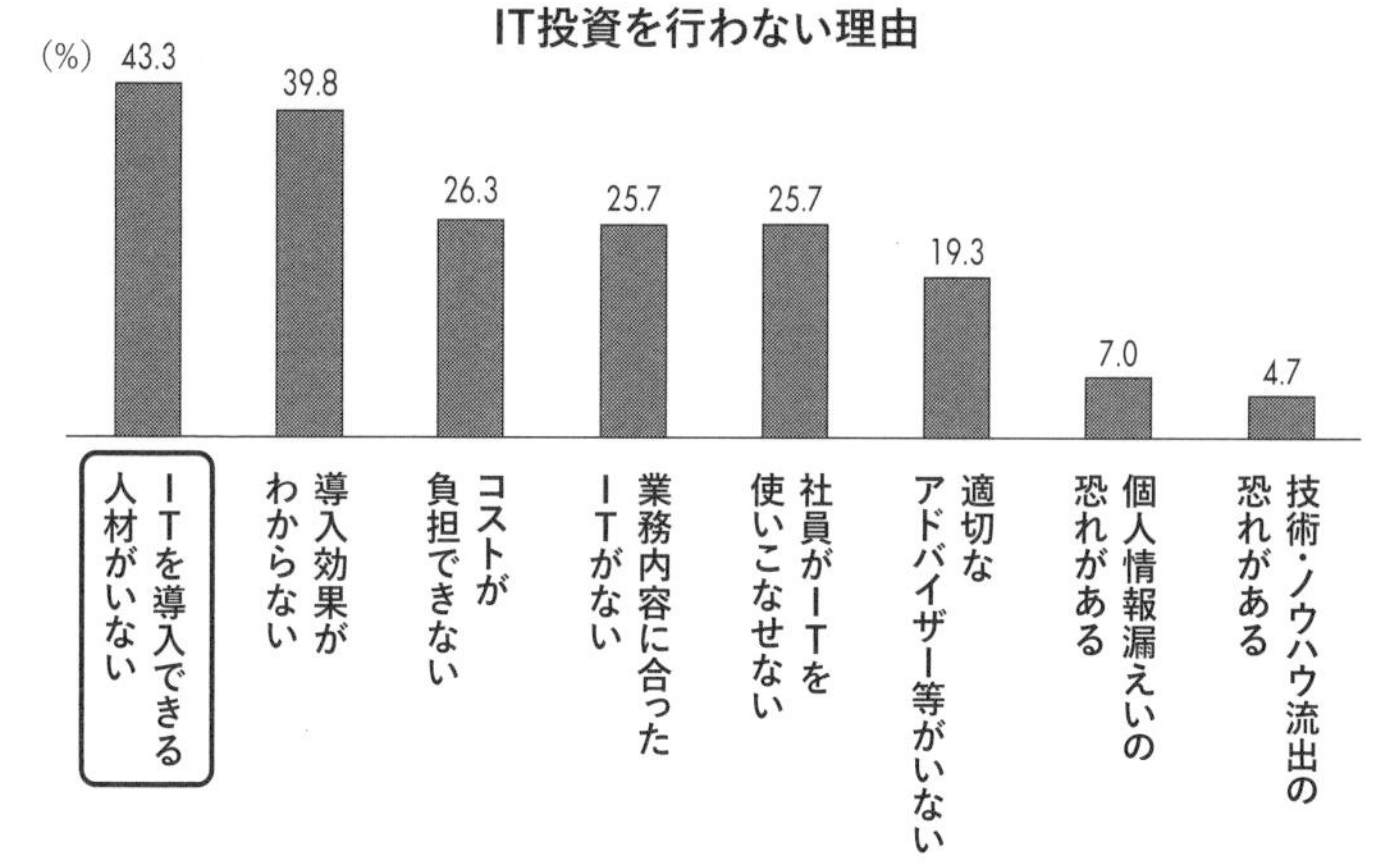

のです。

道具としてＩＴを活用する上での情報収集、外部連携、補助金活用について説明します。

情報収集については、中小企業基盤整備機構が運営しているサイトで、中小企業のＩＴ導入を支援する「ＩＴプラットフォーム」があります（２１０ページの図7）。

業種別や「在庫管理をしたい」などの目的別に、さまざまなＩＴツールを検索したり、ＩＴ導入事例を閲覧できます。このようなサイトを参考にして、自社の課題解決に使えそうなＩＴツールの当たりをつけます。

また、経営者の仲間で、うまくＩＴを活用している会社があれば、その情報を積極的に

図7

収集しましょう。

次に外部連携ですが、中小企業庁が運営している「ミラサポ」というサイトがあります。

このサイトでは、公的機関の補助金や助成金などの情報や、中小企業の成功事例の閲覧などができますが、さまざまな専門家の派遣を申請することもできます。

年間三回まで無料で専門家の助言や経営指導が受けられますので、ＩＴの専門家を検索して必要な助言を受けることができます。

また、国が設置した無料の経営相談所である「よろず支援拠点」や、県や商工会議所などにも相談窓口がありますので、積極的に外部の専門家の力を活用しましょう。

最後に、補助金活用については、国は積極的に中小企業のIT活用を推進しており、さまざまな補助金（ものづくり補助金・IT導入補助金など）があります。

うまく活用すれば、IT導入経費の一部を補助金で賄うことができます。

3 権限委譲を進める

中小企業においては、社長が一人で仕事を抱え込んでしまい、権限委譲が進んでいない会社も珍しくありません。

権限委譲を進めないと、社員は事あるごとに社長の指示を仰ぐため、「指示待ち型」となり、社員の責任感と業務遂行能力が高まりません。

社長一人の力には限界があるため、社員のレベルを引き上げないと、会社の成長は止まってしまいます。

創業のスタートアップ期であれば、社長がフル稼働して事業を軌道に乗せなければなりませんが、時期が来たら権限を社員に委譲することが欠かせません。

とはいえ、社長の権限委譲は簡単ではありません。

社長の権限を社員に委譲した途端にクレームが発生したり、業績が悪化するといったリスクに直面することは珍しいことではありません。

このようなリスクを回避しつつ社長の権限委譲を進めるポイントがあります。

〈権限委譲の範囲を定める〉

第二章の固定費ダウンの戦略の「アウトソーシングを活用する」で紹介した動画制作会社のヒューマンセントリックス（HCX）は、業績が停滞した時期に、今までのワンマン経営体制を改めて、社員への権限委譲を進めました。

進め方は、毎週月曜日の朝、約一時間の情報共有会議において、実際に起きた事例などをもとに、そのときの対処方法や情報判断の可否について、参加者で討議します。

そして、会議終了後に、社長が会議の議事録をまとめて参加者に配信します。

これを一年間五二週にわたって繰り返すと、議事録の蓄積が同社の判断基準となり、同様の事態に誰が直面しても、会社として同じ行動を取ることができます。

同社はこれをＨＣＸメソッドと呼び、年を重ねるごとにメソッドが充実していきます。


このように、社員が社長と同じ判断ができるようにするために、一方的に社長が定めるのではなく、社員にも考えさせながら判断基準をルール化していくことが有効です。

しかし、この判断基準に当てはまらない非定型な意思決定や、イレギュラーな対応は別です。このようなケースは社長に指示を仰いで、社長が判断しなければなりません。

〈やらないことを明確にする〉

社員に権限委譲をするためには、あらかじめ、やらないことを明確にしておくことが重要です。

やらないことを最初に決めておけば、社員が判断に迷う場面を減らすことができます。

ヒューマンセントリックスの場合は、営業において、同業他社とのコンペを禁止しています。よって、営業コンペの対処方法で社員が迷うことはありません。

コンペ禁止にしている理由などは、第五章の同社の事例で詳しく説明しています。

〈最終責任は社長が持つことを伝える〉

「最終責任は社長にある」ことを社員に示すことは、権限委譲の前提条件です。

上位レベルの仕事を、社員にすべて考えさせて行動させることは、現実的には困難です。よって、適切に報告・連絡・相談のコミュニケーションを取らなければなりません。

報連相なしで、結果を部下の責任にしてしまうと、それは権限委譲ではなく丸投げになります。

経営の神様と言われる松下幸之助氏の言葉に「任せて任さず」というものがあります。

権限委譲をし、社員を信頼して任せたあとでも、任せっぱなしにしないで見守り、その社員が目標を達成するまでフォローを続けることを意味していますが、権限委譲をする側としては肝に銘じたい言葉です。

ユニークなやり方で権限委譲を進めている会社があります。

千葉県柏市に本社を置き、枕を中心とした寝具のインターネット販売を行っているまくら株式会社は、一カ月連続の休暇制度を採用しています。

入社三年目から誰でも取得可能で、もちろん社長も一カ月休みます。社長が一カ月不在になりますので、日頃から権限委譲を意識したマネジメントをしていないと、とても休むことはできません。

どの会社でも採用できる仕組みではありませんが、権限委譲をせざるを得ない環境を作ってしまうことは一考に値します。同社の事例も第五章で紹介しています。

4 最終責任を持つ

権限委譲を進めるために判断基準を定め、社員がその基準に沿って対応した場合でも、結果的にトラブルに遭遇してしまうことがあります。

その際、社員の責任を厳しく問うようなことがあると、社員が委縮してしまい、権限委譲はなかなか進みません。

会社で発生することのすべての最終責任は社長にあります。

伝説の経営コンサルタントである一倉定《さだむ》氏の語録に、次のようなものがあります。

「電信柱が高いのも、郵便ポストが赤いのもすべて社長の責任である」

これは、たとえ社長が知らないうちに起こったことであっても、会社で起きることは一〇〇%社長の責任だということです。

会社の業績不振を、社員や景気のせい、競合の安売り攻勢や何かのせいにしていても、何も解決しません。

「他責」で考えているうちは前向きな発想が出ませんので、社長は常に「自責思考」で考えるべきです。

世界的ベストセラーのスティーブン・コヴィー著『七つの習慣』でも、「自己責任の原則」について触れています。

それは、「問題は自分の外にあると考えるならば、その考えこそが問題である」という原理原則です。

儲かる会社になるためには、社長が自責思考で、自らの責任を果たさなければなりません。

第五章

六社の事例から学ぶ

事例1

世界シェアNo.1の商品を持つ「気くばりミラー」の会社

コミー株式会社

コミー株式会社は、「気くばりミラー」と呼ばれる特殊ミラーで、国内で圧倒的なシェアを誇ります。エレベーターなどでの安全確認用や、オフィスや工場などでの衝突防止用、コンビニや書店など店舗での万引き防止用や顧客確認用など、用途は多岐にわたります。

「気くばりミラー」は、用

DATA BOX

創業	1967年（法人登記1973年）
代表	小宮山栄
所在地	埼玉県川口市並木1-5-13
事業	気くばりミラーの製造・販売
年商	9.3億円
従業員	33人

途に合わせて機能や形状、サイズもさまざまです。

主力製品のFFミラー（FFはファンタスティック・フラットの意味）は、表面はフラットでも凸面鏡のように広い視野があるのが特徴で、同社が世界で初めて開発し、特許も取得しています。

凸面ミラーも数多く開発しています。軽くて丈夫なアクリル製で、主に天井に設置し、店舗内の顧客確認や万引き防止などに使われています。

社長の小宮山栄さんは、大学卒業後、大手部品メーカーに就職しましたが、大手企業の体質が肌に合わず、三年半で退職しました。

その後、いくつかの職を転々とした後、一九六七年、東京・駒込で、看板製作を手掛ける小諸文字宣伝社を設立しました。

徐々に注文が増え、店舗の回転看板なども手掛けるようになったときに、工学部出身の機械の知識を活かし、凸面鏡を使って回転する回転ミラックスを製作しました。

これを展示会に出展すると、ある小売店が三〇個も注文してくれました。

三〇個もどのように使うのか興味を持った小宮山さんは、その店を訪問してみました。

すると「万引き防止に大変役立っている」という意外な回答を聞きます。

この回転ミラックスという商品は、防犯ミラーとして大評判となりました。

そんな中、「店内の顧客の行動がよくわかるので、万引き防止だけでなく、接客向上につながる」という声を聞き、またも想定していない意外な活用法に気付かされました。

その後、小宮山さんはユーザーの声に耳を傾けることをモットーとして、「気くばりミラー」の開発に集中し、一九八二年に看板業を撤退。ミラー業に転換し、次々と気くばりミラーを開発します。


一九八六年、平面でありながらも凸面鏡のように広い視野を映し出す「FFミラー」の開発に着手しました。

一九九五年、FFミラーが世界に飛躍するきっかけが訪れます。

同社の幹部社員が出張で飛行機に乗る機会があり、手荷物入れに平面鏡が取り付けられているのを発見しました。

しかし、平面鏡なので奥までよく見えない上に、表面は傷だらけでした。これはFFミ

図1

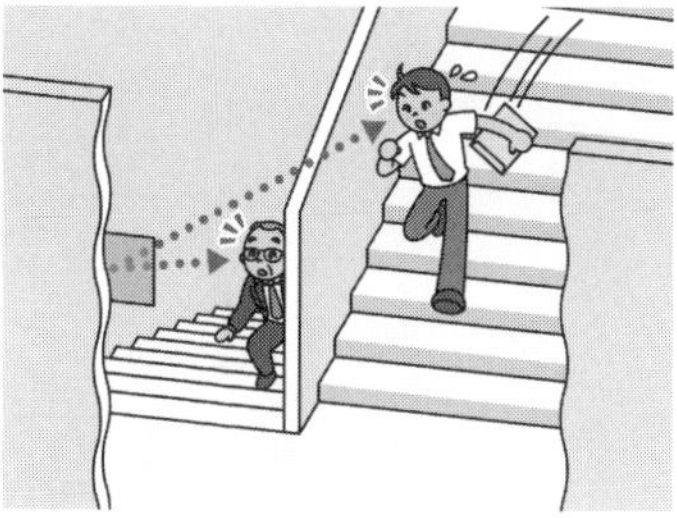

階段での衝突防止に

狭いT字路の衝突防止に

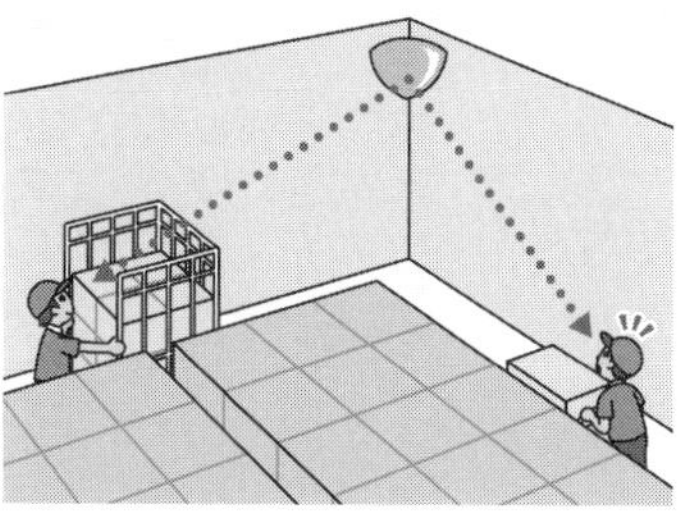

台車・配膳車の安全運搬に

来客へのすばやい対応に

ラーが役に立つのではないかとピンときた社員は、早速、小宮山さんに相談しました。

小宮山さんは、つてを頼って国内航空会社を訪ね、羽田の整備工場でＦＦミラーを試してもらうと、客室乗務員には大好評でした。

背が高くない乗務員にとっては、座席のステップに足をかけて手荷物入れを覗き込む作業は、手間と時間がかかっていたのです。

手応えを感じた小宮山さ

んは、航空機用のＦＦミラーの開発を進め、エアラインに詳しい知人の助言の下、アメリカのボーイング社にサンプルと手紙を送りました。

ボーイング社および連邦航空局の厳しいテストをクリアするのに数年かかりましたが、ついにテストに合格して取引が始まり、徐々に注文が増えていきました。

日本の無名の中小企業とボーイング社との取引は、航空業界に衝撃を与えました。

この取引が大きな宣伝効果となり、国内の航空会社にも採用され、現在では世界のエアラインでのＦＦミラーのシェアは一〇〇％です。


同社は、営業においても顧客サポートにおいても、お客様の声を大切にしています。

例えば、海外の販路開拓は、試行錯誤しながらも自らの力で行ってきました。

現在でも、ＤＭ、展示会、英語のホームページ、顧客訪問の四つの販促手段を駆使し、直接顧客にアプローチし、新規開拓を行っています。

特に、航空業界は種まきから受注に至るまで、数年かかるのが通常です。

サウスウエスト航空などは、経営者向けのＤＭを送ること一五回、営業開始から何と一二年目にして問い合せが入り、数カ月後に採用が決定するなど、粘り強い営業が持ち味です。

顧客サポートについては、顧客満足度「CS」（カスタマー・サティスファクション）ならぬ、「US」（ユーザー・サティスファクション）を徹底しています。

これは、同社の商品が現場で役に立っているかどうかを、実際に使っているユーザーに直接聞いて、使い勝手や改善点を確認することです。

顧客には、同社の鏡を販売する顧客である商社や販売会社、買ってくれる顧客である企業の購買部門、そして現場で使ってくれる顧客の三者がいます。

同社はその中でも、特に現場で使う最終顧客の意見を大切にしています。

定期的にユーザー訪問を行い、使い勝手や、想定していなかった導入効果などを聞いています。

小宮山さんは、創業以来、「競争に費やすエネルギーを創造に費やす」をモットーにしています。競争にはエネルギーは使いません。自社がビジネスすべき土俵を絞り込み、年月をかけて、じっくりと他社が追随できない商品を開発することに精力を注ぎます。

結果的に、「戦わずして勝つ」という状況を作り出していると言えます。

高品質を裏付けているのが「無料破損保証制度」です。

同社のミラーはアクリル製のため、ガラスの約三〇倍の強度がありますが、それでも万が一割れた場合は、たとえそれが顧客の過失であっても、無料で交換するとしています。

モノを作る会社で、無料交換を標榜できる会社は、ほとんどありません。

品質に絶対の自信を持っていることの裏返しですが、実際に交換が発生することはほとんどないと言います。

「無料貸出制度」も特徴的な取り組みです。

商品を購入する前に、実際に使い勝手や利用価値を顧客に確認してもらい、納得してから購入してもらっています。小宮山さんは、「鏡を売ることではなく、安全と安心を提供し、最終顧客の役に立つことが重要である」と言っています。

ここにも、短期的な売上を追いかけない会社の姿勢が窺《うかが》えます。

一般的に、人数が多い大企業はコミュニケーションが取りにくく、中小企業は取りやすいと言いますが、小宮山さんはそれに異を唱えます。

中小企業は社員が少ない分、特定業務を一人が丸抱えする。いわゆる業務の属人化が発生しやすいため、人の仕事に口を出さなくなり、コミュニケーションを阻害しやすいと指摘しています。

小宮山さんは、業務の属人化のことを「ヌシ化」と呼んでいます。

特定の人が、その業務に関するヌシ（＝主）になってしまうという意味です。

そこで、

・昼食は会社負担で仕出し弁当を頼んで、同じ会議室で会話しながら同じ弁当を食べる。
・毎月第一土曜日は休日出勤し、「緊急性はないが重要なこと」を全社員で討議する（後日、各自で代休を取る）。
・問題を発見したら自分だけで抱えずに、必ず大騒ぎして組織全体の問題にする。
・誰かが発見した問題は全員で共有し、知恵を出し合って解決する。

など、コミュニケーション促進とヌシ化防止のさまざまな取り組みを行っています。

小宮山さんは、コミーは「何を作っている会社ですか」と聞かれたら「物語を創る会社です」と答えています。

創業から約半世紀、さまざまな失敗や、航空機への導入事例など成功の物語を創ってきました。

同社はそれぞれの出来事を文章で記録し、物語化してホームページなどで公開しています。人は過去の出来事を忘れたり、都合のよい内容に書き換えてしまうこともあります。

しかし、活字で残しておけば忘れることはなく、半永久的に残ります。

コミーはこれからも「物語を創る会社」として、新たな物語を次々と編み出し続けていくことでしょう。

事例2

スズキ機工株式会社

「弱者の戦略」と「強者の戦略」を使い分けてオンリーワン企業へ

スズキ機工株式会社は、自社開発した「ベルハンマー」という潤滑剤の大ヒットなどによって、業績を伸ばし続けています。

同社は、食品工場向けの機械装置を受注生産してきましたが、地域密着の顧客対応によって、顧客ニーズを自社商品の開発につなげてきました。

DATA BOX

創業	1971年
代表	鈴木豊
所在地	千葉県松戸市松飛台316-3
事業	オンリーワン仕様の自動機器設計・製作、および自社製品の企画・販売
年商	5億円
従業員	17人

現社長の鈴木豊さんは二代目です。鈴木さんの父親が、一八リットル缶（一斗缶）の製缶工場として創業しましたが、バブル崩壊後、収益の九割以上を製缶関連が占めていた同社の業績は急激に落ち込みました。

一九九七年、父親に要請された鈴木さんは、会社の窮状を救うべく、勤務していた食品商社を退職して入社することになります。

鈴木さんは、設計や電気制御などを独学で学びながら、前職の食品商社時代の人脈を活かして、食品工場の販路開拓に注力します。

同社は、失敗を繰り返しながらも、製缶業で培った技術を活かして、徐々に食品工場向けの機械装置の注文をもらえるようになりました。

紹介営業で徐々に顧客を増やして、製缶業から食品製造装置の製造へと事業を転換し、二〇〇七年に鈴木さんは社長に就任しました。

二〇一〇年、その後の会社の方向性を左右する出来事が起こります。

紹介中心で顧客を開拓していたため、中には車で片道三時間かかる取引先もありました。

あるとき、遠方の食品メーカーから機械の設計依頼を受け、見積もりと図面を提出しました。

しばらく連絡がなかったため、別件で近くに行った際にその取引先に立ち寄ると、何とそこには鈴木さんが設計した図面通りの装置が設置されていたのです。

事情を理解した鈴木さんは、「おたくとは一切取引しない」と宣言して帰途につきました。

帰りの車中、「勝手に図面を他の業者に渡して製作させたことは許せないが、遠方からたまに来る当社より、すぐに対応してくれる地元業者と取引したいという気持ちもわかる」と、「原因自分論」に立ち、事態の背景を冷静に振り返ったことが、その後の大きな経営判断につながりました。


鈴木さんは、以前読んだランチェスター戦略の本を改めて読み返しました。

食品工場向けの装置に関しては、さまざまな顧客の要望に対応できる技術力を磨いてきましたが、それだけでは差別化は困難です。

常に選ばれるためには、顧客にとって一番近い存在を目指すべきであることを、改めてランチェスター戦略で学び、地域の絞り込みを決意しました。

片道三時間もかかると、一社の対応で一日が終わってしまい、他の顧客を回れません。

鈴木さんは「地域密着」を目指し、対象顧客を自社から車で一時間以内に定め、それより遠方の顧客は事情を話して取引を中止させてもらいました。

遠方の顧客との取引をやめるのは勇気がいる決断でしたが、地域密着戦略に切り替えた効果は数カ月で表れました。主要顧客である食品工場に、週に何度も通って密着営業した結果、売上が前年比で大幅にアップしたのです。


工場内は改善の宝庫です。

営業エリア内の顧客との接点が増えるにつれて提案依頼が急増し、着実に案件をこなすことで客単価が上昇しました。

地域密着は自社だけでなく、顧客にもメリットがあります。

顧客から「急に装置が止まったので助けてほしい」という連絡が入ったとき、必要なパーツを揃えて、すぐに対応することができます。

顧客にとっては、多少の特急料金が発生したとしても、一箇所の不具合を迅速にリカバリーできれば、ライン全体を止めなくてすむため、安いものです。

このように地域密着経営に舵を切った鈴木さんですが、更なる成長を目指す上で、狭いエリアだけで事業を展開していては限界が来ると考えました。

そこで、次なる成長ステージを見据え、自社ブランド製品の開発に乗り出す決意をしました。

工場内のさまざまな課題に精通していた鈴木さんは、潤滑剤に着目しました。

工場の機械装置は高圧力かつ高温の環境下で使用されるため、潤滑剤の効果がすぐに切れます。すると金属の摩耗が早くなり、設備の故障も発生しやすくなります。

そこで、顧客が満足できる潤滑剤を作ろうと決心しました。

市販の潤滑剤を徹底的に研究し、OEM製造を専門としている開発パートナーの潤滑剤メーカーと連携して完成させたのが「ベルハンマー」です。

販売開始後しばらくは既存顧客へ販売していましたが、顧客の満足度の高さに自信を持った鈴木さんは、全国販売を目指してネット通販を開始しました。

しばらく苦戦しましたが、二〇一五年、あるテレビ番組で紹介されたことから大量の注文が舞い込むようになりました。

それまでは機械装置を受注生産していたために、見込生産のノウハウがなくて、欠品を起こして機会損失が発生したり、逆に、需要予測を見誤って大量に在庫を抱えたりなど苦労もありましたが、今では、ベルハンマーは年間一五万本を超えるヒット商品となりました。

ベルハンマー以外にも、自社ブランドのヒット商品は多数ありますが、商品開発には明確なルールを定めています。

それは、潤滑剤など継続的に購入されるものや、摩耗して買い替えが発生するものなど、第二章で紹介したストックビジネスに限っていることです。

鈴木さんは「継続循環ビジネス」と呼んでいますが、このビジネスが寄与して、順調に売上・利益を拡大しています（図2）。

同社の強みは、ランチェスター戦略の「弱者の戦略」と「強者の戦略」の使い分けです。地域の食品メーカーに絞り込んで、課題解決の提案営業を行う「装置事業」は、局地戦、接近戦、一騎討ち戦の「弱者の戦略」です。

それに対し、地域密着で収集した顧客ニーズをもとに自社製品を生み出し、不特定多数

図2

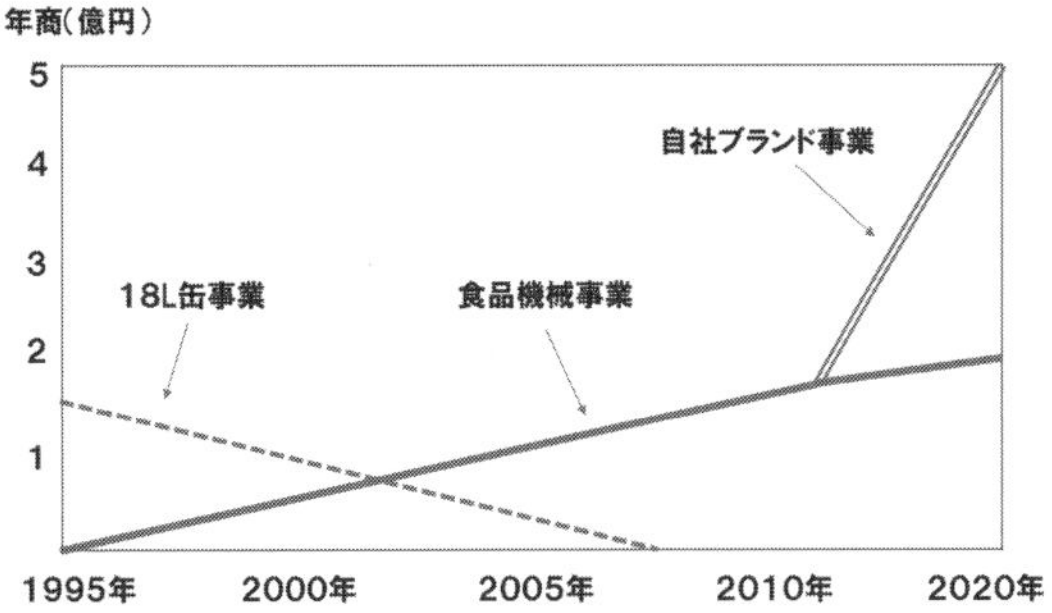
年商（億円）
5
4
3
2
1
自社ブランド事業
18L缶事業
食品機械事業
1995年
2000年
2005年
2010年
2020年

図3

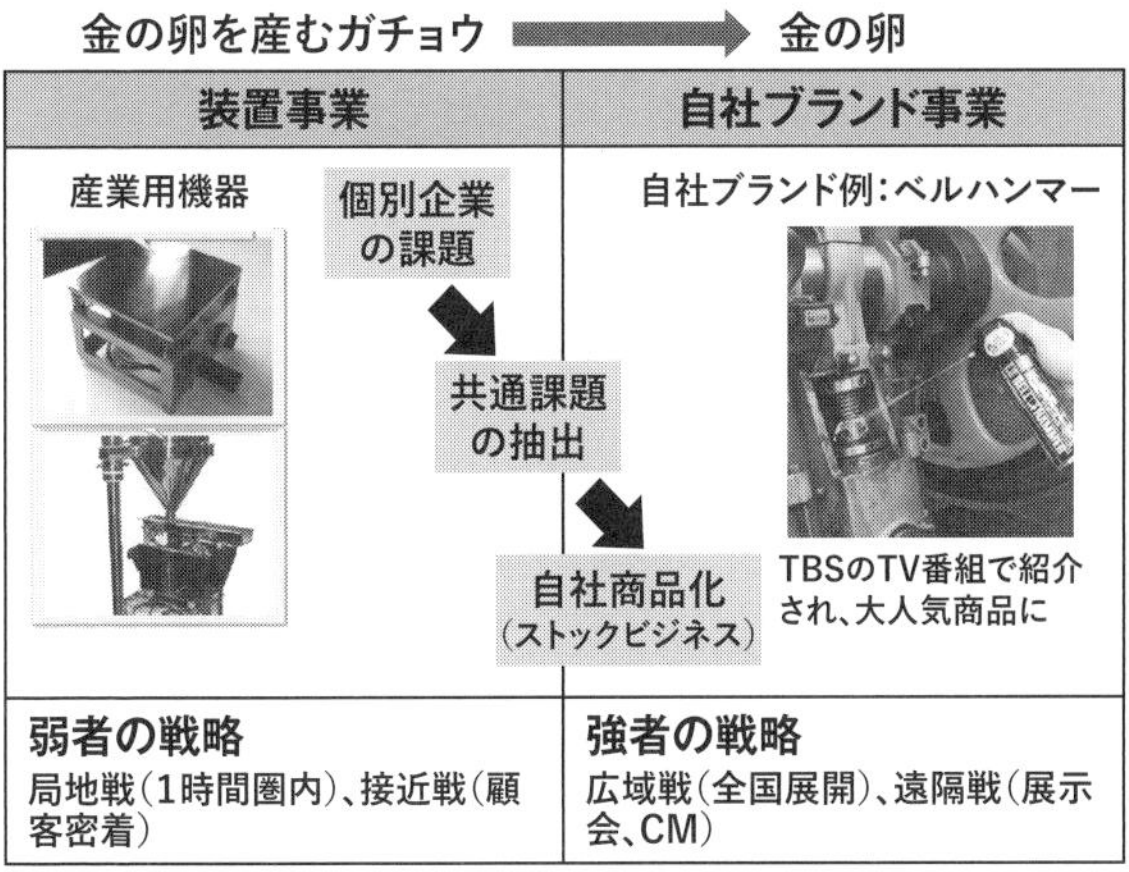
金の卵を産むガチョウ
金の卵
装置事業
自社ブランド事業
産業用機器
個別企業の課題
共通課題の抽出
自社商品化（ストックビジネス）
自社ブランド例：ベルハンマー
TBSのTV番組で紹介され、大人気商品に
弱者の戦略
局地戦（1時間圏内）、接近戦（顧客密着）
強者の戦略
広域戦（全国展開）、遠隔戦（展示会、CM）

の広域顧客に向けてSNSを活用した販促を展開する「自社ブランド事業」は、広域戦、遠隔戦、確率戦の「強者の戦略」です（図3参照）。

この二つの戦略の関係は、「自社ブランド事業」がキャッシュを生む「金の卵」であるのに対して、「装置事業」は「金の卵を産むガチョウ」です。

「装置事業」は、難易度の高い課題に対して、ときには何度も試作を繰り返すなど苦労も多い事業ですが、鈴木さんは「大変なことも多いが、お金を頂いて新商品開発の研究をしているようなもの」と言っています。

この取り組みがあるからこそ、キャッシュを生む「金の卵」である自社ブランド製品が次々と生まれます。

IT活用力も同社の強みの一つです。

「強者の戦略」と言っても、中小企業が広告宣伝費をふんだんに使えるわけではありません。

ベルハンマーの全国展開を始めた二〇一五年頃から、SNSを使った販促を強化しましたが、はじめからＳＮＳに詳しかったわけではなく、本を読んだり、実際に触ったりしながら少しずつ始めていきました。

今では、ＳＮＳのそれぞれの特性を活かし、告知性と検索性の観点で、フェイスブック、ツイッター、インスタグラム、ユーチューブ、アメブロ、メルマガなどを使い分けて、販促に活用しています。この活用については第二章でも説明しています。

ＳＮＳだけでなく、毎月の改善会議で議題に上がった業務改善のテーマについて、積極的にＩＴを活用して改善しています。

例えば、顧客がホームページ上で必要な部材を選ぶだけで見積もりが自動作成されるシステム（営業が見積もりを作成する手間を軽減するために導入）や、商品に対するさまざまな問い合わせへの対応で日常業務が中断してしまう課題に対処するための、ＡＩを活用したＦＡＱ（よくある質問への対応）の仕組みを構築しています。

いずれも月数万円のコストで運用できるもので、決して大きなコストがかかっているわけではありません。

鈴木さんは、「人手が足りない中小企業こそ、たとえ数分でも毎日行う業務があればＩ

T化を考えるべき。ITに詳しい人材がいなかった当社でもできたので、やる気があれば誰でもできるはず」と言っています。

さまざまな業務の毎日の数分間の積み重ねが、創造的活動の時間を奪い、スピードを阻害するのです。

二代目として、積極的に事業転換を進めてきた鈴木さんの方策は、すべて一冊の手帳から生み出されています。それは、会計事務所の指導の下で策定した経営計画書です。

5Sなどの環境整備、営業エリア、新商品の開発基準などを一冊にまとめ、手帳にして全社員に配布しています。これによって、常に全社員が経営方針のベクトルに沿った活動ができるようになっています。

同社は、二〇一七年、人を大切にする経営学会主催の「日本で一番大切にしたい会社」大賞の特別賞に、次のような理由で選ばれました。

・自社工場を低廉な料金で障害者施設に提供している。
・自社製品のシール貼り業務の発注など、障害者の自立支援を行っている。

・労働時間の五%以上を教育訓練機会に設けるなど、人の成長を大切にしている。

同社の今後の課題は人材育成と海外展開です。

現在は社長によるトップダウン経営ですが、更に企業を成長させるためには、権限委譲を進めて、自走式の経営体制へと変えていく必要があると考えています。

また、潤滑剤のベルハンマーをはじめ、自社ブランド製品は海外にもニーズがあります。三年前に立ち上げたタイの現地法人を軌道に乗せ、海外展開を加速させていきます。

これからも積極的な事業展開を進めるスズキ機工に注目が集まります。

事例3

コンペ禁止！ 他社とは競争しない「人が中心」の動画制作会社

○株式会社 ヒューマンセントリックス

ヒューマンセントリックス（HCX）は、二〇〇四年の創業以来、法人向けの動画制作ビジネスを手掛け、約三一五〇〇社に対して、約三万タイトルの動画を制作してきました。

同社は、創業以来一六期連続の増収を続け、二〇一九年現在、グループの年商一〇億円、社員八〇人の規

DATA BOX

創業	2004年
代表	中村寛治
所在地	東京本社　港区虎ノ門 2-3-22 福岡本社　福岡市早良区百道浜 2-1-22
事業	法人向け動画の企画・提案・撮影・編集・配信
年商	10億円
従業員	80人

模にまで成長しています。

社名は、「人（ヒューマン）が中心（セントリックス）」を意味しています。

会社幹部や上司とぶつかって会社を辞めた人たちでも夢を持って輝ける場を作りたい、という思いが社名に込められています。

代表の中村寛治さんは外資系ＩＴ企業で、システム案件を扱う営業職に長年従事してきました。最終キャリアとしては、出身地の九州で支社長まで経験しましたが、いつか起業したいという想いを抱いていた中村さんは、故郷の福岡でシステム開発の会社を創業しました。

そして、人脈がある東京で小規模なシステム案件を受注し、出身地の福岡でシステム開発するモデルを考えましたが、うまくいきませんでした。

事業転換を検討していた際にチャンスが訪れます。

九州の人脈を通じて、ある人材育成塾のプロデューサーの仕事を依頼されました。

その企画の一つとして、アジアで活躍しているビジネスマンのインタビュー動画の仕事を受けることになり、中国・韓国・香港・台湾で活躍している日本人の動画を制作することになりました。

この仕事を通じて、動画の持つ圧倒的な情報伝達力と、制作メンバーが楽しそうに仕事をしている姿を目の当たりにし、当時、疲弊の真っただ中にいたシステム開発の仕事との違いを痛感しました。

この動画企画は大評判となり、中村さんは動画コンテンツで新たにビジネスを展開する決意を固めました。

同社は、法人企業を対象に「課題解決型の動画制作」を行っています。

会社の特徴は、営業現場や採用、広報、研修などの企業活動において、「誰に、どのような方法で、どのような課題解決のために動画を活用したいか」をヒアリングした上で、企画から撮影・編集・配信まで、基本的に外注を使わず、すべて内製で制作している点です。

ビジネスモデルとしては、固定費型の事業運営を行っています。

固定費型と変動費型の違いは第一章で説明した通りですが、世の中の大半の動画制作会社は、代理店が案件を受注し、カメラマンや編集のクリエーターに外注する変動費型の事業運営です。

中村さんも事業開始当初は外注を使っていましたが、外注すると品質にばらつきが出たり、ノウハウが社内に蓄積されないなどの課題が生じます。

検討を重ねた結果、現在は営業コンサルティング部隊一三人、カメラマン一〇人、編集スタッフ五〇人を社員として抱え、動画制作作業を基本的に内製することで、ノウハウの蓄積と品質の担保を図っています。

この体制は、カメラマンや編集スタッフを社員として抱えず、案件受注後、制作を外注する他の動画制作会社とはまったく異なります。

固定費型の事業運営のリスクは損益分岐点が高くなりがちな点にありますが、そこは工夫をしています。この規模の会社では珍しく、総務・経理・人事の選任スタッフを置かず、本社業務の多くをアウトソーシングしています。

また、マーケティングについても、過去のイベントや展示会、営業活動などで集めた約三万件のハウスリスト（見込客）から案件を発生させるデジタルマーケティングの仕組みをＩＴ化しているため、テレアポなどの営業行為は一切行っていません。

つまり、ノウハウ蓄積と品質担保の視点で、コア業務のみを内製化し、ノンコア業務はアウトソーシングやＩＴ化することで固定費を抑え、資本効率を圧倒的に上げています。

この体制によって、コア業務である提案営業と動画コンテンツの品質が高まり、ノウハウが蓄積されて、大手企業を中心に順調に受注を拡大することができました。

撮影・編集の機材も自前のため、案件においてほとんど変動費が発生しません。

受注が安定するとともに利益体質が強固となり、多重下請け構造で利益を出しにくい動画制作ビジネスにおいて、業界平均を超える利益率を維持しています。

同社はターゲット企業を大手企業に絞り込んでいます。

ホームページに取引先一覧が載っていますが、ＩＴ・製造・サービス・小売・金融・官公庁など、さまざまな業種の大手企業と取引をしています。

大手に絞っている理由は、次の二点です。

まず「顧客内で横展開ができる」ためです。

例えば、商品ＰＲの動画を受注した企業において、営業部門から人事部門を紹介してもらい、採用の動画を提案して受注するなど、大手企業であれば動画のニーズも多岐にわたるため、効果的な紹介営業が展開できます。

二つ目は「参入障壁が高い」ためです。

大手企業に対して、テレアポや飛び込みで新規に案件を発掘することは容易ではありません。

よって、同社が保有している約五〇〇件の基盤顧客において、同業他社が参入してきて、コンペになることがほとんどありません。

中村さんはサラリーマン時代からランチェスター戦略を勉強しており、その学びからユニークな営業方針を決めています。

それは「コンペ禁止」です。他社と競合になる案件は基本的にやりません。

コンペは受注できるかどうかわからない「確率戦」になります。

また、コンペは体力的にも精神的にも疲弊し、案件クローズまでに時間もかかります。

よって、コンペをせずに案件を獲得する、いわゆる「戦わずして勝つ」ために、ＩＴを活用して営業プロセスを仕組み化しています。

具体的には、顧客サイドで案件化した引き合いを待つのではなく、潜在案件を能動的に掘り起こすことに注力しています。

約三万件のハウスリストに対して、最新の導入事例やプレスリリースを自動配信するなど、ＩＴを活用して、見込度を高めて案件化を促進させます。

営業コンサルティング部隊は、見込度が高まり、検討段階に入った案件のみに訪問活動を行います。この営業展開によって、一回の訪問のみで受注する確率は五〇％を超えます。確率戦ではなく、一騎討ち戦、接近戦によって、スピーディーな案件獲得を実現しています。

ＩＴ活用は営業プロセスだけではありません。中村さんはＩＴ業界出身ということもあって、創業当初からＩＴを活用して生産性を向上させてきました。

東京・福岡間で、鮮明な画像のビデオ会議システムを活用して、臨場感のある遠隔コミュニケーションを実現したり、見積もりデータから請求書を簡単に発行する仕組みのＩＴ化など、普通の会社が業務スタッフで処理する仕事の多くをＩＴ化することで、基本的に間接人員を置いていません。

図4

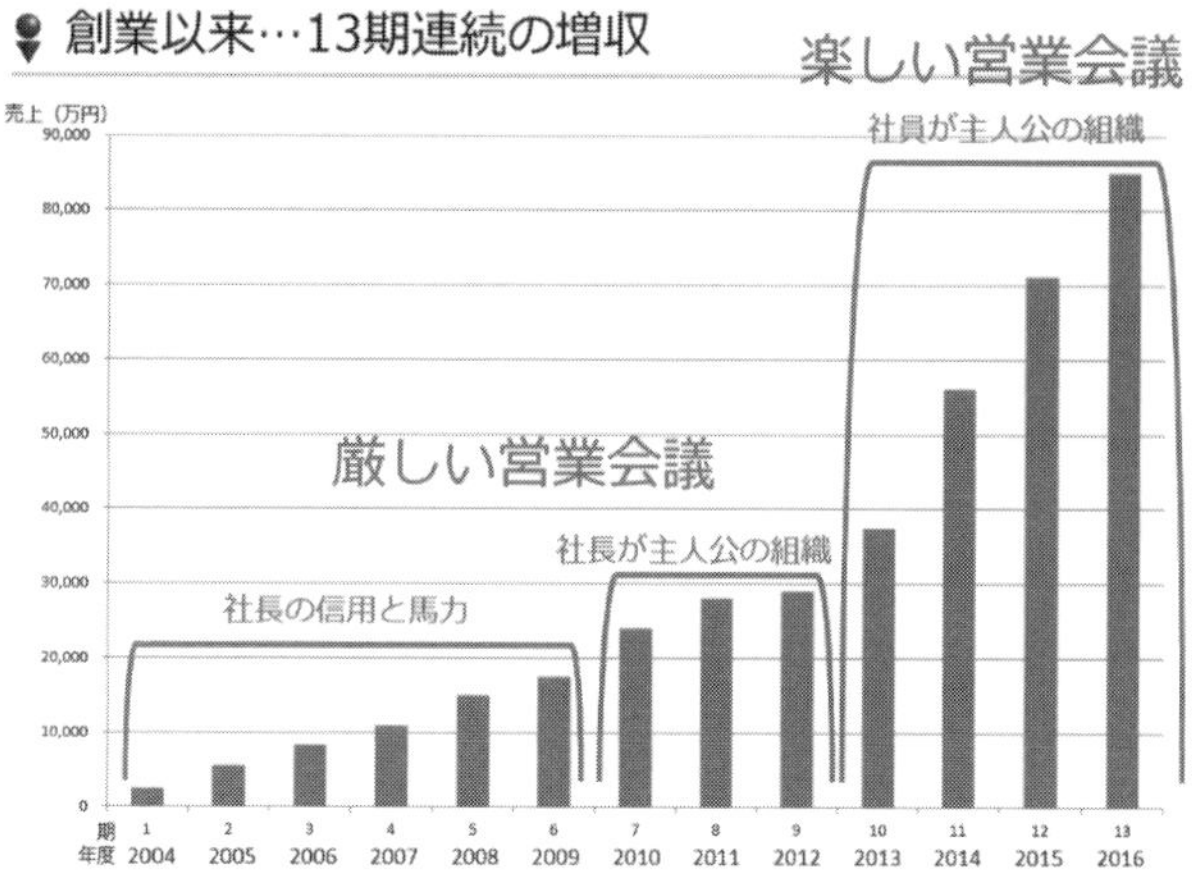

業績は非常に好調ですが、ずっと順調だったわけではありません。

創業以来、中村さんのバイタリティーと人脈によって成長を重ねてきましたが、年商三億円を前に業績の伸びが停滞します（図4参照）。

それまでは、個別の営業案件から動画制作まで、会社の業務に関して、ほぼすべて中村さんが陣頭指揮をとっていました。

あるとき中村さんは、このマネジメントのままでは、これ以上の会社の成長は難しいと判断しました。

社名に込めた「人が中心」ではなく、「社長中心」の事業運営になっていたのです。

図5

営業＝課題解決

であるなら、営業会議も課題解決型に

	以前の営業会議	課題解決型営業会議
1週間に1回	月曜午前に45分	月曜午前に75分
雰囲気	重い	明るい
内容	数字中心	数字の話は10分以内
発表形式	各営業の発表	社長が1週間のトピックス、気付き、成功、失敗を発表
未達の営業	叱る	励ます、どうしたら達成できるか、アイデアを出す
アジェンダ	なし	金曜日に発表
議事録	持ち回り	社長

そこで、マネジメントの仕方を根本的に変えました。社長が逐一指示を出すのではなく、個々の社員が「会社共通の判断基準」に従って業務を遂行する自走式の組織運営を目指したのです。

具体的には、会議体を見直しました。以前の会議は「一日何件営業に回っているのか！」「それでいいと思っているのか！」など、中村さんの叱責が飛ぶものでした。

それは、自分が若いときに経験した「厳しい営業会議で追い込むことで頑張りが生まれ、数字が上がるという思い込み」に基づいていたのです。

そこで営業会議の変革に取り組みます（図5）。

社長が指示命令するのではなく、社員が主体的に課題を解決するような形式に変えました。この会議を毎週実行し、会議の議事録の蓄積が、「このような場合はこう判断する」という会社としての判断基準になりました。これをHCX（ヒューマンセントリックス）メソッドと呼んでいます。

HCXメソッドが社員に浸透するにつれて、社員は業務遂行の局面で、中村さんと同じような状況判断ができるようになりました。

そして、社長が逐一指示をする必要のない自走式の組織へと、徐々に成長していきます。

このマネジメントは会社にすっかり定着し、その後の業績の伸びは目覚ましいものです。次なる目標を見据えて動いている同社の更なる飛躍が期待されます。

事例4

ITを活用して、人と枕の出会いをプロデュースする会社

○まくら株式会社

まくら株式会社は、枕を中心とした寝具のインターネット販売やオリジナル枕の企画開発・販売を手掛けています。

二〇〇四年の創業以来、着実に売上を伸ばし、二〇一九年度の年商は約八億円です。

代表の河元智行さんは、大学卒業後、タウン紙の記者や携帯電話の販売員を経て、枕の通販会社を立ち上げました。

DATA BOX

創業	2004年
代表	河元智行
所在地	千葉県柏市柏 4-8-14
事業	枕を中心とした寝具のインターネット販売、オリジナル枕の企画開発
年商	8億円
従業員	27人

枕のビジネスで起業するきっかけは、二〇〇二年頃、当時話題となっていた低反発枕を購入したところ、仕事に支障をきたすほど首が痛くなる経験をしたことです。

それから、いくつか枕を買い換えましたが、どれも合わず、結局は「自分の布団で試さないと本当に合う枕は見つからない」という教訓を得ました。

そうしているうちに枕に関する知識が蓄積され、当時立ち上げていた自分のホームページで枕選びのポイントなどを発信するようになりました。

河元さんのサイトは、枕というワードで検索すると、次第に上位に来るようになりました。

その後、インターネットプロバイダーのホームページコンテストで準グランプリを受賞し、その賞金を原資として、枕をネット販売する会社を立ち上げました。

同社の強みは、事業領域を枕に絞り込み、顧客の「安心して」「手軽に」「自分に合った」枕を見つけたいというニーズに対応する体制を取っていることです。

「安心して」については、約四〇〇アイテムの枕に対し、「寝心地安心保証」をつけており、枕が合わない場合は、二〇日以内なら返品を受け付ける制度を取っています。

「手軽に」については、楽天や自社のオンライン店舗を八店開いており、消費者は自分のニーズやライフスタイルに合った店舗で手軽に枕を注文することができます。

「自分に合った枕」については、「まくらる。」というオーダーメイド枕のサイトを立ち上げています（図6）。オーダーメイド枕に関するお役立ち情報を掲載して、消費者と全国の約六〇〇店のオーダーメイド枕の取扱店をつなぐサイトを運営しています。

ＩＴ活用力も同社の大きな強みです。

「機械でできることは機械で、人間でしかできないことは人間で」「毎日五分同じ作業をするなら自動化」をモットーに、自社のＷＥＢサイト制作やカスタマーサポートなど、すべて社内でシステム開発を行っています。

更に、社内システムの一部はパッケージソフトとして他社へも提供しています。

また、需要予測のように難易度の高いシステム化にも取り組んでいます。

創業当初から、運転資金が充分ではなかったため、「一つ売れたら一つ仕入れる」という、在庫を極力置かない運用を続けていました。

在庫は顧客への即納を可能とし、機会損失を防ぐというメリットがある反面、在庫資金

図6

が負担となるデメリットがあります。

これを解決する手段として、ITを活用した需要予測の高度化に長年取り組んできました。

現在では需要予測システムに基づく自動発注の仕組みによって、一カ月後の企画商品の需要を予測して、一カ月前に先行手配しています。

このように、機会損失を防いだ上で、在庫資金の最小化を実現する運用をしています。

結果として、すべての注文に占める当日出荷の割合は八割を超え、在庫回転率は四日程度という、超効率的在庫オペレーションを実現しています。

このようなＩＴ活用力が評価されて、二〇一二年に経済産業省の「中小企業ＩＴ経営力大賞」の優秀賞を受賞しました。


創業後まもなく、取り込み詐欺の被害を受けるなどの苦労もありましたが、強みを活かして着実にビジネスを拡大させてきた河元さんは、三年前、今後を見据えてビジネスモデルを転換する決意をしました。

汎用品を扱う中小ネット通販は、近い将来、アマゾンなどの大手に駆逐されてしまうという危機感を抱いたためです。

その頃、品揃えはビジネスの拡大とともに広がり、枕・寝具の品揃えが三・五万点にまで増加していました。汎用品中心の品揃えでは、最後は価格競争になってしまいます。

そこで、商品アイテムを約一〇分の一の三〇〇〇点にまで絞り込みました。

特に、主力商品である枕は八〇〇点にまで絞り込み、汎用品の取り扱いから、企画商品を中心とした品揃えに切り替えを進めています。

図7

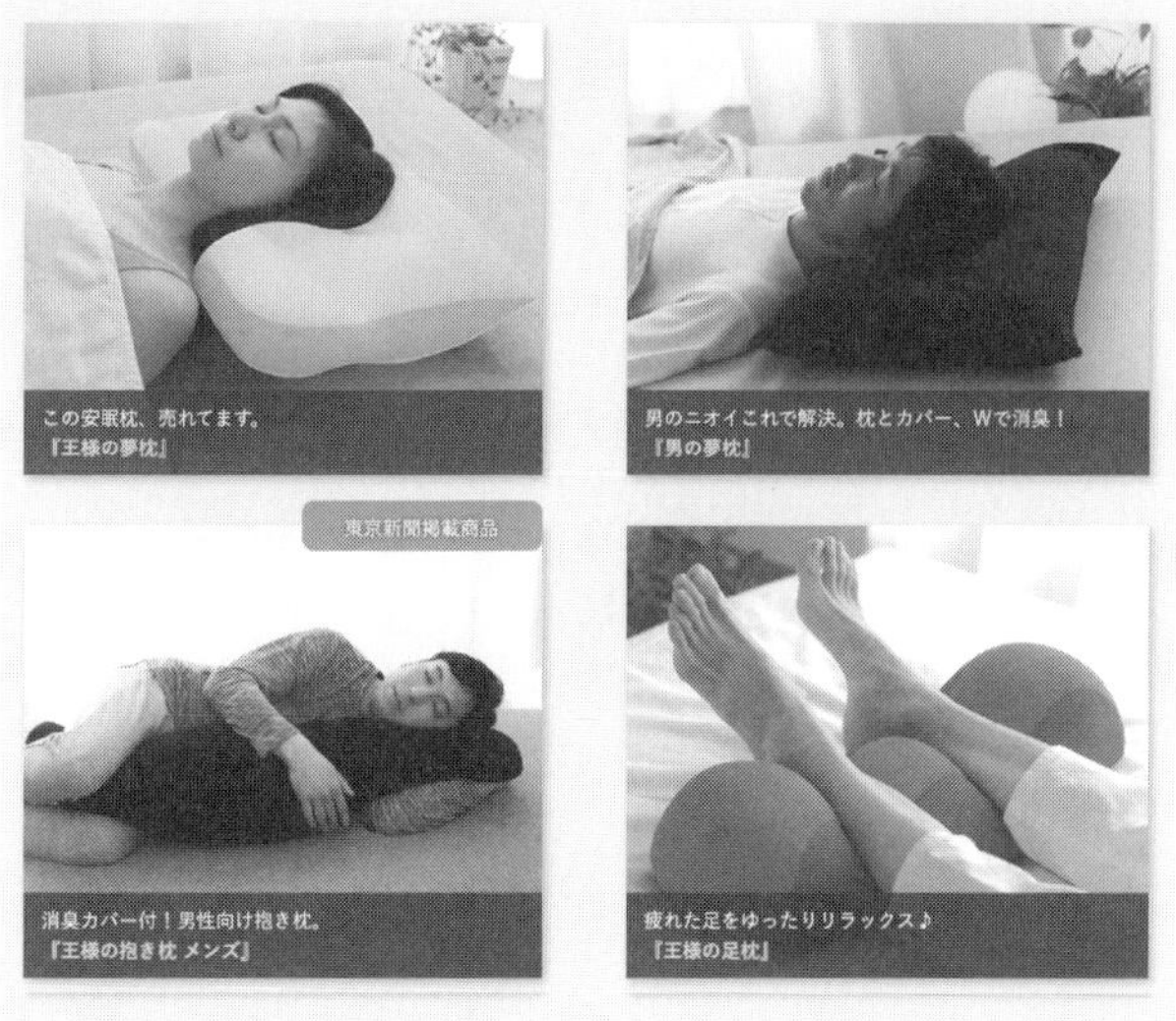
この安眠枕、売れてます。
『王様の夢枕』
男のニオイこれで解決。枕とカバー、Wで消臭！
『男の夢枕』
東京新聞掲載商品
消臭カバー付！男性向け抱き枕。
『王様の抱き枕 メンズ』
疲れた足をゆったりリラックス♪
『王様の足枕』

企画商品は、今までも、王様の夢枕や王様の抱き枕（図7）などのヒット商品を、多数リリースしてきました。

同社の企画立案においては、「売れると思う」「売れる可能性がある」などは禁句です。

すべての企画において、投資回収の見極めをしっかり行い、採算割れの企画が発生しないように投資評価を徹底しています。

企画商品には、他社とのコラボ企画と自社企画の二種類がありますが、いずれにおいても、投資コストに対して、想定売上数量と金額、想定した根拠、投資回収期間など、自社で定めた評価項目に基づいて分析し、案件ごとに商品化の可否を判断します。

結果的に、商品化を見送る場合もありますが、このプロセスを経て商品化した案件が開発コスト割れとなることはほとんどありません。

今後は、利幅が薄く差別化が難しい汎用品から、企画商品をメインとした品揃えに転換していきます。目指す業態は、近年、欧米で増えてきたＤ２Ｃです。Ｄ２Ｃとは、「Direct to Consumer」の略で、文字通りの意味は「消費者に対して商品を直接的に販売する仕組み」です。企画・製造・販売を自社のみで完結させることで、会社のビジョンを直接消費者に伝えることができます。

また、顧客との関係構築がより強固となり、より細かな顧客データの収集と蓄積ができるなどの利点も見込めます。その実現に向けて、今後、更に企画商品を強化していく方針です。

組織運営では、ユニークな福利厚生として、一カ月連続の休暇制度を採用しています。

欧米では一カ月のバカンスは珍しくありませんが、日本では中小企業はもちろん、大手企業でもほとんど例がありません。この休暇は入社三年目から全社員が取得できます。

一カ月休暇にはさまざまなメリットがあります。

まず、休暇を取得する本人にとっては、仕事以外の自由な時間を充実させられることが最大の魅力です。会社としても、休暇中、社員がさまざまな経験をすることで感性や発想力が磨かれるため、企画商品の開発などにプラスとなります。

また、一カ月の休暇を取る前には、自分の仕事を他の人に引き継がなければなりません。そのときに仕事の棚卸を行いますが、それが重要であると河元さんは考えています。

業務の棚卸を行って無駄をなくす、引継ぎを行うことで業務の属人化（特定の人しか対応できない業務が生じること）をなくす、一人でさまざまな業務をこなす多能化が図れるなど、一カ月休暇制度による業務改善と人材育成の効果は絶大です。

もちろん、社長である河元さんを含めた管理職も取得しますので、権限委譲が進むという側面もあり、ワーク・ライフ・バランスと人材育成の点で有効な制度となっています。

同社の戦略と組織運営のベースとなっているのは、「人と枕の出会いをプロデュース」

という理念です。

この理念が、全体戦略から個々の事業展開にまで浸透しているために、権限委譲を進めながらも、ブレのない一つの組織体として、全社員が、現在すべきことと将来に向けた打ち手を共有しています。

河元さんは、「人間が地球で生活し、二足歩行する限り、人間の骨格はS字曲線を描く。S字曲線の骨格が横になって休む際は、必ず枕が必要となる」と考え、世の中から枕がなくなることはないと確信しています。

枕はなくなりませんが、一〇〇年後を見据えると、枕も進化していきます。

まくら株式会社は、消費者の生活をより豊かにするために、人を「まくら」のように陰ながら支える会社として、これからも絶え間のない進化を目指しています。

事例5

ビジネスモデルの転換に成功した創業一二〇年の老舗企業

◯株式会社　佐川

付加価値の高い金属加工製品に特化して高い利益率を上げている株式会社佐川。同社が注力しているのは受付情報端末の筐体です。

受付情報端末は、ホテルのチェックインやクリニックの受付など、従来は人が行っていた受付業務を、人手不足への対策でＩＴ化・無人化する流れが加速化し

DATA BOX

創業	1899年
代表	佐川清
所在地	千葉県松戸市古ヶ崎4-3531
事業	オフィス家具およびOA関連筐体の製作
年商	1億円
従業員	10人

ているため、今後大きな需要の伸びが期待されます。

同社は明治三二年、大阪で衡器《こうき》（はかり）の製造会社として創業しました。

その後、金庫の製造を開始し、日本で最初に手提げ金庫を開発しました。

金庫を主力事業として着実に成長し、四代目社長のとき、書庫などの鋼製家具（現在のオフィス向け家具）の製造を本格化しました。

ここで大きなビジネスチャンスが訪れます。大手オフィス家具メーカーに対して書庫などをOEM供給するビジネスが舞い込んだのです。四代目社長は勝負に出ました。

そして、昭和三六年、千葉県松戸市に土地を取得し、量産工場を建設しました。

その後、オフィス家具の需要拡大とともに同社のビジネスも順調に拡大し、バブル前のピーク時には年商二〇億円、社員一二〇人を数えるまでに事業が拡大しました。

現在の五代目社長の佐川清さんが入社したのもこの頃です。

この後、会社は激動の時代を迎えます。

バブルが崩壊し、年商がピーク時の約六割に減少しました。その後も、大手・中堅企業にオフィス家具がほぼ普及したため、需要が徐々に停滞してきました。

更に、従来は一〇〇%近かった大手オフィス家具メーカー内のシェアが徐々に低下してきました。これらの影響で量産工場の稼働率が低下し、過剰となった設備の負担が重くのしかかるようになってきました。

売上の低下に歯止めがかからない中、二〇〇六年に五代目社長に就任した佐川さんは、大きな決断をしました。

量産工場を売却し、大手オフィス家具メーカーの生産のほとんどから撤退したのです。

翌年のリーマンショックを経て、年商は一億円にまで減少しました。

ここからが第二の創業です。佐川さんは情報端末の筐体に着目しました。

大手オフィス家具メーカーの系列のＩＴ企業から、銀行の通帳記帳用端末の筐体製作の引き合いが入りました。

この製品は、創業以来培ってきた板金加工の技術を活かすことができます。

価格の面でも、オフィス家具のような量産品ではなくて特注品のため、単価がオフィス家具の約四倍である点も魅力的でした。

佐川さんは、まずは銀行向けのさまざまな端末筐体の製造を行い、徐々にノウハウを蓄積していきました。

現在は、クリニック向けの自動精算機、ホテル向けの自動チェックイン機、大学向けの自動証明書発行機など、受付情報端末の用途はさまざまな分野に拡大しています。

同社の強みは、顧客が要望した製品を企画・提案し、受注後、設計（三次元CAD）・製作・組立・機器組み込み・梱包・出荷までを、すべて自社一貫体制で完結させることです。

設計と製作、あるいは工程の一部を外注すると、不具合の際の責任の所在があいまいになります。しかし、同社は一貫体制のため、すべて自社の責任において安心品質を提供できます。

また、情報端末筐体のメイン顧客であるクリニックは、病院と違って場所が狭いため、省スペースに設置できる同社の設計ノウハウが高く評価されています。

情報端末筐体には、タブレットやレシートプリンター、ICカードリーダーなど筐体内にさまざまな機器が組み込まれますが、同社は顧客であるIT企業から組み込まれる機器を預かり、機器組み込みと配線までを一括して行います。

上流工程である三次元設計から、下流工程であるセットアップまでできる業者は、関東圏には他にほとんどいないため、同一条件で相見積もりとなるケースがありません。

値決めについては、佐川さんは経営の最重要事項として取り組んでいます。案件の引き合い一覧を作成し、引き合い内容、見積もり提示価格、最終結果を管理し、詳細に分析しています。

例えば、見積もり提示のみで受注に至らなかった案件、試作は受注したけれど量産受注には至らなかった案件、量産まで受注できた案件など、詳細に分析します。

そして、新規の案件引き合いの際に、今までの案件情報を参考にして最適な価格を算出して提示します。

この運用によって、引き合い数に占める受注率は八割以上を超え、しかも同社の規定によって適正価格を維持しています。

サービス施設や公共施設で受付情報端末の引き合いが増えるにつれて、納期の短縮も強く求められるようになりました。

それに対して、同社は継続的にボトルネック工程を改善することで、短納期およびコスト削減に取り組んでいます。

情報端末筐体の製造工程は、設計→材料手配→抜き加工→曲げ加工→溶接→塗装→組立→機器組み込み→梱包・配送となります。

長年、抜き加工がボトルネックとなっていました。

抜き加工では、タレパンという板金を打ち抜く設備を使います。

以前は三次元CADで設計したあと、抜き加工の作業担当者は、図面を見ながら、改めて段取りのための設定をタレパンの操作パネルから入力しなければならず、段取りに時間を要し、ボトルネックとなっていました。

昨年、最新のタレパンを導入することで、三次元CADとの連携が可能となり、段取り情報が三次元CADからデータ転送され、段取り時間が大幅に短縮しました。

これにより抜き加工の生産性が上がり、ボトルネック工程が次工程である曲げ工程に移行しました。

曲げ工程のボトルネック改善については、ものづくり補助金を活用して、最新ベンダー

（平面の板を曲げて立体化していく設備）を導入し、曲げ加工の段取りも三次元ＣＡＤからのデータ転送が可能となり、段取り時間が大幅に短縮しました。このように全体最適の観点で継続的にボトルネック工程を改善しています。

その他、作業者が複数工程を担当する多能工化にも意欲的に取り組み、常に生産性向上に努めています。

取引形態については、大手企業との下請け取引の依存度を下げ、クリニックに情報端末を提供するＩＴ企業や、ホテルのＩＴ部門からの直接受注を大幅に増やしています。

中小製造業にとっては、集客、つまり営業開拓は大きな課題です。自ら営業開拓するノウハウがないために、特定企業との従属的な下請け取引を続けている企業は少なくありません。

同社は納入先であるＩＴ企業から、「下請け」ではなく、一緒に製品を開発する「パートナー」という見方をされています。

２６４ページの図8は中小製造業の類型を、価格交渉力と商品企画力の二軸でマッピン

図8

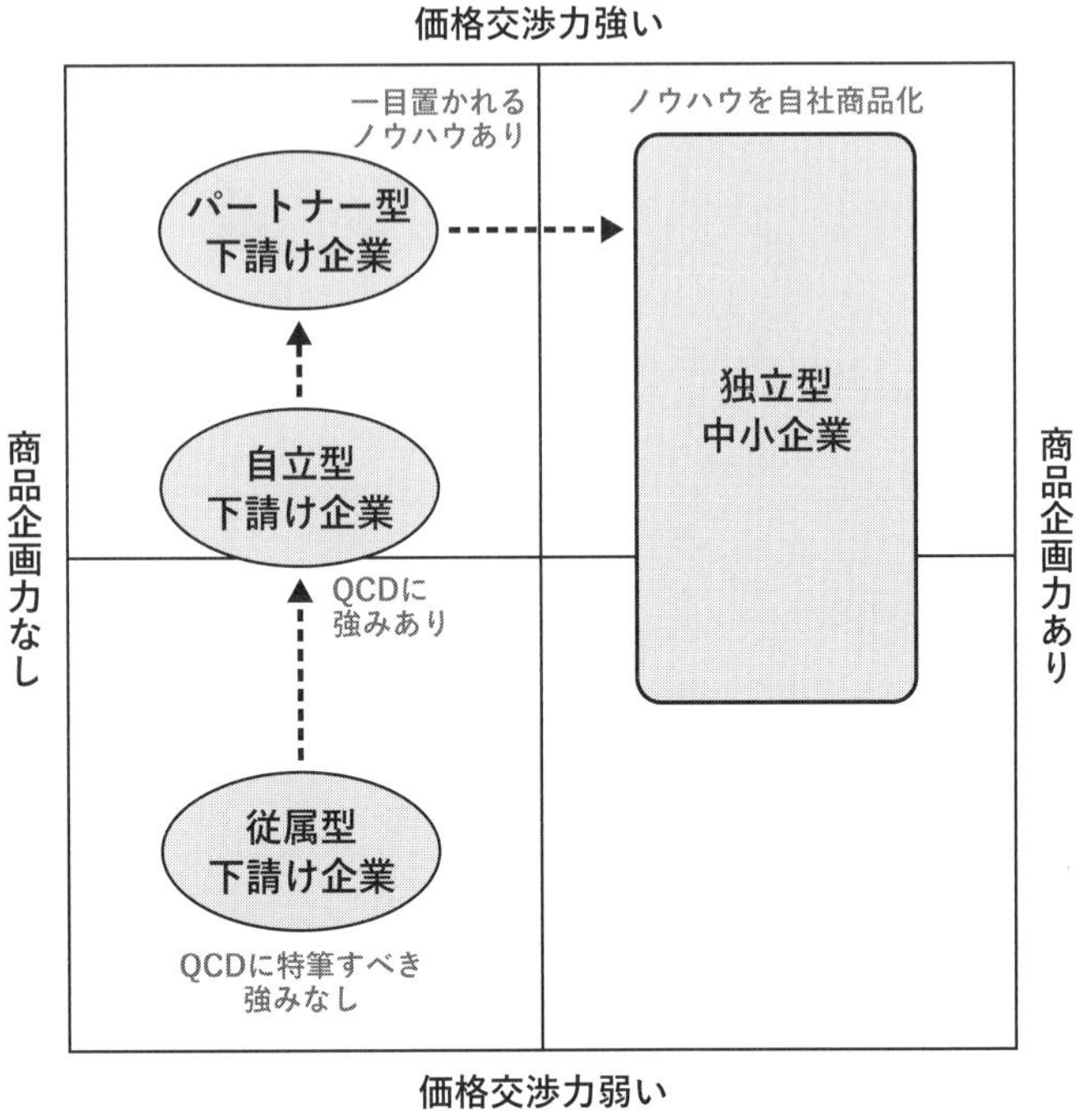

価格交渉力強い
一目置かれる
ノウハウあり
ノウハウを自社商品化
パートナー型
下請け企業
独立型
中小企業
自立型
下請け企業
商品企画力なし
商品企画力あり
QCDに
強みあり
従属型
下請け企業
QCDに特筆すべき
強みなし
価格交渉力弱い

グしたものです。

左下は「従属型下請け企業」で、中小製造業の多くがここに位置しています。

一定水準のQCD（Quality＝品質、Cost＝価格、Delivery＝納期）を満たしていますが、同業他社に比べて特筆すべきQCDの強みがないため、価格交渉力がありません。

左の中ほどに位置しているのは、「自立型下請け企業」です。

QCDのいずれかに同業他社に比べて強みがあると、価格交渉力がついてきます。

左上は、「パートナー型下請け企業」です。

同業他社に比べて一目置かれるノウハウがあると、元請け企業からパートナーと認められます。

同社の場合は、コストと強度のバランスを考慮した材料や加工方法を選択するVE提案力や、機器をコンパクトに収める省スペース設計ノウハウなどです。

これによって、最終顧客にとってよりよい情報端末筐体を、IT企業に助言しながら一緒に作り上げています。

このパートナー関係を維持するため、同社は一業種一取引先に決めて、現在取引している元請け企業と競合関係にある企業とは取引を行いません。

右上は、「独立型中小企業」です。

一目置かれるノウハウを使って自社商品を開発できれば、このポジションになります。ただし、このポジションに位置するには、商品企画力と営業力が必須となるため、簡単ではありません。

「従属型」↓「自立型」↓「パートナー型」とポジションがシフトするにつれて、価格交渉力がアップしますので、会社の利益率も高くなります。

同社は、新規の営業開拓のほとんどを紹介とホームページからの問い合わせで行っており、営業マンは一切置かずに、新たな顧客を着実に開拓しています。

大手企業が決めた仕様を下請け生産するビジネスから、情報端末筐体に絞り込むことでノウハウを蓄積し、パートナー企業へと転換した同社の事例は、多くの中小製造業にとって参考になる取り組みです。

事例6 共同代表経営で目覚ましい成長を実現しているベンチャー企業

株式会社QUATRO（クアトロ）

創業時は五人で立ち上げ、八年間で年商三五億円、社員約三〇〇人の規模にまで成長した株式会社QUATRO（クアトロ）。

同社が展開している事業は、宝飾事業（古物商）、飲食事業、美容事業、EC事業、広告代理店事業、社会福祉事業と多岐にわたります。

DATA BOX

創業	2011年
代表	米井聡、神林拓馬
所在地	千葉県柏市5-8-5
事業	古物事業、広告代理店事業、美容事業、飲食事業、EC事業、不動産事業、社会福祉事業
年商	35億円
従業員	300人

この成長を大きく支えてきたのがユニークな共同代表制です。

共同代表の企業は、それほど耳にすることはありません。同社はなぜ共同代表制なのか、どんなメリットがあり、会社の成長にどのように寄与したのかを解き明かします。


同社は、二〇一一年に宝飾品の古物商の会社として創業しました。

共同代表の米井聡さんと神林拓馬さんは、地元の先輩・後輩の間柄です。

二人とも別々の企業に勤めていましたが、偶然再会して意気投合し、もともと起業を考えていた二人は共同で会社を興すことにしました。


創業時に、親しい仲間と一緒に「チーム型創業」を選択するケースは少なくありません。複数の経営者がいると「考え方や方針の違いで対立しやすい」と言われますが、創業時の困難を共有したり、それぞれの強みを活かすことができれば、スタートアップ時期を順調に離陸し、成功に導くことも可能となります。

共同代表制のベンチャー企業として知られている企業として、鎌倉に拠点を置く株式会社カヤックがあります。カヤックには三人の代表取締役がいます。

カヤックは二〇一四年、設立一〇年で東証マザーズに上場しました。

代表取締役の一人の柳澤大輔さんは、「カヤックは仲間にこだわる組織であり、三人が代表であるというそのことに価値がある」と言っています。

この点はクアトロと共通点があります。クアトロは「人・信頼・責任」の三つの軸を大切にし、人で成り立っている会社で、これが事業拡大の背景となっています。

二人の経営者が、社員・顧客・取引先を大切にし、相互の信頼を築き上げ、責任を自覚することによって、よりよいサービスの構築と提供につながっています。

共同代表制には、一般的に次のようなメリットとデメリットがあります。

まずメリットとしては、企業経営においては財務・技術・営業・人事など、さまざまな分野で高度な判断が求められますが、共同代表であれば、それぞれの得意分野を活かし、適切な意思決定を行うことができます。

また、事業で成功するためには会社の成長やビジネスの成功につながる人脈形成が重要ですが、その人脈も二倍になります。

デメリットは、何と言っても経営者同士の意見の相違の発生です。

創業時は仲がよくても、売上が停滞して意見が合わなくなり、離反してしまうことがよくあります。

また、部下から見て二人の指示が違うと、調整が必要となって業務執行の判断が遅くなります。代表が二人いると、業務執行の結果責任の所在が不明確になりがちで、責任のなすり合いになってしまうこともあります。


メリットとデメリットの双方がありますが、デメリットをうまく克服できれば、共同代表制のメリットは大きいと言えます。同社はまさにこれを体現しています。

最大のメリットとして、何でも二倍になる点を挙げています。

会社の規模にかかわらず、常に会社のことを考え、成長への打ち手を日夜真剣に考えているのは経営者です。代表が二名いると、この熱量が二倍になります。

多角化をうまく展開している同社へは、新たな事業のオファーが次々と舞い込みますが、それを呼び込む人脈も二倍になります。

多角化はリスクがつきものですが、リスクヘッジに関しても利点があります。

例えば、どちらか一方の代表の知人から提携の話が来た場合、知人からの依頼なので提携を進めたいという意識が働きますが、もう一方の代表にとっては知人ではないので、冷静にビジネス面で有効な提携かどうかを判断できます。

背景として、同じ価値観の共有と信頼があるため、リスクを二分の一に抑えた上で、会社を推進する力とスピードが二倍となり、順調な事業拡大につながっています。

メイン事業である宝飾事業（古物商）は、年商三五億円のうち約八割弱を占める主力で、柏・船橋・上野・浜松・池袋・立川・横浜の七箇所に拠点を置いています。

古物商の多くは店舗を構えて買い取りを行っていますが、同社は店舗で顧客を待つのではなく、人が集まる場所に積極的に出向く「接近戦」を展開しています。

例えば、スーパーの一角を借りて、宝飾品の査定を無償で行います。

顧客にとっては、わざわざ査定のために店舗まで行かなくても、普段行くスーパーで、たんすに眠っていた時計や貴金属品を手軽に見てもらえるというメリットがあります。

そこで満足度を高めて、高い確率で買い取りにつなげていきます。

宝飾品に限らず、中古品売買のポイントは、買い取った物をいかに早く販売するかです。

在庫で寝かせる期間が長くなればなるほど、運転資金が必要となってきます。

宝飾品の販路先の開拓は、共同代表で二倍になる人脈拡大力をフルに活かしています。第二章で、紹介による販路開拓の有効性を紹介しましたが、同社は二名の代表が率先して販路開拓を行い、富裕層が厚い中国などに販路を持つ優良な卸売り先を継続的に開拓し、着実に売上を伸ばしています。


会社の活気を生み出している制度として、ビジネスプランコンテスト（BPC）という新規事業の提案制度を採用しています。

これは、新規事業プランやコスト削減につながるアイデアを通年で募集し、月一回の幹部会で審査し、事業化を検討するものです。

内容としては、外注している業務の内製化や、よりコストが安く品質のよい外注先への切り替えによるコスト削減のようなアイデアから、数千万円規模の投資が発生するような新規事業まで多岐にわたります。

新規事業のプランが採用されると、インセンティブとして休暇や一時金が付与されますが、最大のインセンティブは、新規事業の責任者になる道が開けることです。

採算については、新規事業ごとに黒字化達成の期限が設定され、期限までに黒字化できない場合は撤退となります。仮に撤退となっても、幹部会で承認したプランなので、新規事業の担当者のみに責任を負わせることはしません。

このように、決定した新規事業プランは全社的にサポートし、仮に失敗しても一人で責任を負わされることはないので、社員は積極的にＢＰＣに応募します。

このバイタリティーが、創業八年で年商三五億円の規模に成長した原動力になっています。

同社は、第二章で紹介した、着実な利益拡大策として有効な「ストックビジネス」にも注力しています。

美容室などの顧客に対して月額課金を行い、ホームページやフリーマガジンに掲載するスタイル写真の使い放題や、フリーマガジン活用のコンサルティング、助成金活用のコンサルティングなどを提供しています。

他の事業との相乗効果によって、ストックビジネス顧客が順調に増えており、ストックビジネスの売上だけでもうすぐ一億円を超える見込みです。

急成長のベンチャー企業は、攻めの力強さがある一方で、守りの点で危うさを感じることがあります。

しかし、同社については、取材を通じて特にその危うさを感じることはありませんでした。

理由としては、急成長しているけれど決して売上拡大至上主義ではないこと、新規事業についても撤退基準を設けるなどリスクヘッジをしていること、社員がやらされ感ではなく自発的に動く仕組みが回っていること、そして何より、共同経営のよい面が機能していることがあります。

更なる成長を目指すクアトロの今後の展開が期待されます。

おわりに

最後まで本書を読んでくださり、ありがとうございます。

「この部分は自社でも実行できそうだ、すぐに実行してみよう」と感じていただけた箇所が、一つでも二つでもあったのであれば幸いです。

この本で紹介した内容は、「利益を増やすための基本戦略」や「ランチェスター戦略」など、時代がいくら変化しても、はやりすたりのない原理原則に基づいたものばかりです。

松下幸之助氏の言葉で、「成功する会社は成功するようにやっている、失敗する会社は失敗するようにやっている」、そして、「雨が降れば傘をさす」というものがあります。

松下幸之助氏は、経営は本来、成功するようにできていると言いましたが、現実においては、失敗するケースも多く見られます。

原因はさまざま考えられますが、経営において、「雨が降れば傘をさす」という原理原則をおろそかにしてしまうことが多いのではないでしょうか。

「知行合一《ちこうごういつ》」という言葉があります。「知識と行為は一体であり、知識は実行を伴わなければ本当の知識とは言えない」ことを指します。経営の「原理原則」を改めて理解し、そして実践する上で、本書が少しでもお役に立てれば幸いです。

本書を執筆するに当たり、多くの皆さまのお力添えをいただきました。

まずは、事例として掲載させていただいた六社の経営者である、佐川清さん、鈴木豊さん、河元智行さん、神林拓馬さん、小宮山栄さん、中村寛治さんにお礼を申し上げます。

経営者としてご多忙中にもかかわらず、本書の趣旨に賛同して取材の時間を割いていただき、大変感謝いたします。ありがとうございました。

また、紙面の都合で、事例としては掲載できませんでしたが、自社の経営力を向上させようと、日々奮闘していらっしゃる多くの経営者の皆さまのお話を伺いました。深く感謝いたします。

出版ノウハウをご教授いただいた木暮太一さん、クローバー出版の田谷裕章さん、ご支援いただきありがとうございました。

最後に感謝したいのは、この本を手に取って最後まで読んでくださった読者の皆さまです。

本書の内容に関して講演・セミナーをお受けしています。

日頃、「中小企業の勝ち残り戦略」「小が大に勝つランチェスター戦略」などをテーマにしたセミナーを行っています。講演依頼の方法についてはホームページでご案内しておりますので、本書と合わせて、私の講演・セミナーが、少しでも中小企業経営者の皆さまのお役に立つことができれば幸いです。

この小著が、多くの中小企業が持続的に成長していくきっかけとなることを祈っています。

令和二年六月吉日

米澤裕一

【著者略歴】

米澤 裕一（よねざわ・ゆういち）

ニッチトップ戦略パートナー・中小企業診断士
合同会社バリューアップ代表

青山学院大学卒業後、キヤノン販売（現キヤノン MJ）に入社。営業担当していた会社の倒産の兆候を見抜けなかったことをきっかけに、儲かる会社と儲からない会社の違いについて研究を始める。「絞り込み・一点集中・ニッチ分野 No.1」のランチェスター戦略に着目し、自ら実践して、入社4年目に社長賞を受賞。以降25年間で2000社以上の中小企業経営者と面会し、景気に左右されない利益体質の会社の特徴を熟知する。
2010年に中小企業診断士の資格を取得。経営コンサルタントとして独立後、1年目で平均採択率40%のものづくり補助金において90%の採択実績を残す。勝てる土俵で顧客提供価値を高め、補助金を活用した資金調達やボトルネックの改善によって、200社以上の利益改善に貢献している。現在、1社でも多くの中小企業が黒字になることを目指して活動中。

合同会社バリューアップ
https://www.valueup1.com/
yonezawa@valueup1.com

装丁／齋藤 稔（ジーラム）
校正協力／新名哲明、永森加寿子
組版／（有）アミークス
編集／田谷裕章

小さな会社の儲けの仕組みの教科書

低成長時代に生き残る「筋肉質経営」の原理・原則

初版1刷発行 ● 2020年6月1日

著者

米澤《よねざわ》 裕一《ゆういち》

発行者

小田 実紀

発行所

株式会社Clover出版

〒162-0843 東京都新宿区市谷田町3-6 THE GATE ICHIGAYA 10階　Tel.03(6279)1912　Fax.03(6279)1913
http://cloverpub.jp

印刷所

日経印刷株式会社

ISBN978-4-908033-74-2　C0034